Gesundheitsorientierte Führungskompetenz

Annika Krick · Jörg Felfe

Gesundheitsorientierte Führungskompetenz

Trainingsmanual

Annika Krick
Arbeits-, Organisations- und
Wirtschaftspsychologie, Helmut-Schmidt-
Universität, Universität der Bundeswehr
Hamburg, Deutschland

Jörg Felfe
Arbeits-, Organisations- und
Wirtschaftspsychologie, Helmut-Schmidt-
Universität, Universität der Bundeswehr
Hamburg, Deutschland

ISBN 978-3-662-68669-0   ISBN 978-3-662-68670-6   (eBook)
https://doi.org/10.1007/978-3-662-68670-6

Die Deutsche Nationalbibliothek verzeichnet diese Publikation in der Deutschen Nationalbibliografie; detaillierte bibliografische Daten sind im Internet über http://dnb.d-nb.de abrufbar.

© Der/die Herausgeber bzw. der/die Autor(en), exklusiv lizenziert an Springer-Verlag GmbH, DE, ein Teil von Springer Nature 2024

Das Werk einschließlich aller seiner Teile ist urheberrechtlich geschützt. Jede Verwertung, die nicht ausdrücklich vom Urheberrechtsgesetz zugelassen ist, bedarf der vorherigen Zustimmung des Verlags. Das gilt insbesondere für Vervielfältigungen, Bearbeitungen, Übersetzungen, Mikroverfilmungen und die Einspeicherung und Verarbeitung in elektronischen Systemen.
Die Wiedergabe von allgemein beschreibenden Bezeichnungen, Marken, Unternehmensnamen etc. in diesem Werk bedeutet nicht, dass diese frei durch jedermann benutzt werden dürfen. Die Berechtigung zur Benutzung unterliegt, auch ohne gesonderten Hinweis hierzu, den Regeln des Markenrechts. Die Rechte des jeweiligen Zeicheninhabers sind zu beachten.
Der Verlag, die Autoren und die Herausgeber gehen davon aus, dass die Angaben und Informationen in diesem Werk zum Zeitpunkt der Veröffentlichung vollständig und korrekt sind. Weder der Verlag noch die Autoren oder die Herausgeber übernehmen, ausdrücklich oder implizit, Gewähr für den Inhalt des Werkes, etwaige Fehler oder Äußerungen. Der Verlag bleibt im Hinblick auf geografische Zuordnungen und Gebietsbezeichnungen in veröffentlichten Karten und Institutionsadressen neutral.

Planung/Lektorat: Marion Kraemer
Springer ist ein Imprint der eingetragenen Gesellschaft Springer-Verlag GmbH, DE und ist ein Teil von Springer Nature.
Die Anschrift der Gesellschaft ist: Heidelberger Platz 3, 14197 Berlin, Germany

Das Papier dieses Produkts ist recycelbar.

Wer führen will, muss sich selber führen können
von Pater Anselm Grün

Einführung

In den bisherigen Programmen zur Führungskräfteentwicklung spielt das Thema Gesundheit eher eine untergeordnete Rolle. Das Training zu gesundheitsorientierter Führung schließt diese Lücke. Das Training besteht aus 4 bis 5 Terminen à 1,5 bis 2 Stunden, kann aber auch im Block oder als 2-Tagesvariante durchgeführt werden. Als Grundlage und Ausgangspunkt dient das Health-oriented Leadership-Konzept (HoL) mit dem Fokus auf gesundheitsorientierter Selbst- und Mitarbeiterführung (SelfCare und StaffCare). Das Training ist modular aufgebaut und besteht aus fünf Bausteinen: 1 „Warm up", 2 „Grundlagen", 3 „SelfCare", 4 „StaffCare" und 5 „Cool down". Mit dem Training werden wichtige Kenntnisse zu gesundheitsorientierter Selbst- und Mitarbeiterführung, Betrieblichem Gesundheitsmanagement (BGM) und der Bedeutung der Führungskraft für die Mitarbeitergesundheit vermittelt. Zudem wird eine Standortbestimmung und Reflexion eigener Stärken und Potenziale bezüglich gesundheitsorientierter Selbst- und Mitarbeiterführung ermöglicht und konkrete Handlungsoptionen zur Verbesserung angeboten. Das Manual bietet Trainern und Trainerinnen eine Anleitung das Training in der Praxis umzusetzen. Für jedes Modul gibt es konkrete und detaillierte Vorschläge und Tipps zur Durchführung.

Gesundheitsorientierte Führung; StaffCare; SelfCare; Vorbildwirkung; Führungskräftetraining

Inhaltsverzeichnis

1	**Wichtige Hinweise zum Training und zu diesem Manual**...............	1
2	**Voraussetzungen für die Trainingsdurchführung**.....................	3
	2.1 Was Sie in diesem Kapitel erfahren...............................	3
	2.2 Räumliche Anforderungen und Materialien........................	3
	2.3 Anforderungen und Kompetenzen für Trainer*innen	4
	2.4 Zusammenfassung..	5
3	**Theoretischer Hintergrund des Trainings**...........................	7
	3.1 Was Sie in diesem Kapitel erfahren...............................	7
	3.2 Relevanz der betrieblichen Gesundheitsförderung und Betriebliches Gesundheitsmanagement.......................................	7
	3.3 Einflusswege von Führung auf Gesundheit	10
	3.4 Health-oriented Leadership	12
	3.4.1 Konzept..	12
	3.4.2 Wirkzusammenhänge.....................................	14
	3.4.3 HoL-Erhebungsinstrument.................................	15
	3.4.4 Aktuelle Befunde	16
	3.4.4.1 Direkte Effekte.................................	16
	3.4.4.1.1 SelfCare.............................	16
	3.4.4.1.2 StaffCare	17
	3.4.4.2 Indirekte Effekte	19
	3.4.4.2.1 Indirekte Effekte von StaffCare über SelfCare der Mitarbeitenden	19
	3.4.4.2.2 Indirekte Effekte von SelfCare der Führungskraft über StaffCare und SelfCare der Mitarbeitenden	19
	3.4.4.2.3 Indirekte Effekte von StaffCare und SelfCare über Arbeitsbedingungen	20
	3.4.4.2.4 Pufferwirkung von StaffCare...............	20

		3.4.4.3	Crossover-Effekte	20
		3.4.4.4	Einflussfaktoren von HoL	21
			3.4.4.4.1 Arbeitsplatzebene	21
			3.4.4.4.2 Organisationale Ebene	22
			3.4.4.4.3 Individuelle Ebene	22
			3.4.4.4.4 Kontextebene	23
		3.4.4.5	HoL-Profile	24
	3.4.5	Wirksamkeit von Interventionen zu HoL		25
3.5	Führungsmotivation: Der Weg zu einer Führungskraft			26
3.6	Gesundheitsverhalten			27
3.7	Achtsamkeit und achtsamkeitsbasierte Stressreduktion			30
3.8	Zusammenfassung			33
Literatur				33

4 Konzeption des Trainings zur gesundheitsorientierten Führung ... 41
- 4.1 Was Sie in diesem Kapitel erfahren ... 41
- 4.2 Ziele und Kernfragen des Trainings zur gesundheitsorientierten Führung ... 41
- 4.3 Konzeption des Trainings zur gesundheitsorientierten Führung ... 42
- 4.4 Methoden des Trainings zur gesundheitsorientierten Führung ... 47
- 4.5 Trainingsvarianten ... 47
- 4.6 Zusammenfassung ... 49
- Literatur ... 50

5 Anleitung zur Durchführung ... 51
- 5.1 Was Sie in diesem Kapitel erfahren ... 51
- 5.2 Baustein 1: „Warm up" ... 51
  - 5.2.1 Übersicht ... 51
  - 5.2.2 Vorgehen ... 52
    - 5.2.2.1 Begrüßung ... 52
    - 5.2.2.2 Aufbau des Trainings ... 53
    - 5.2.2.3 Gruppenvereinbarungen ... 54
    - 5.2.2.4 Trainingsleitgedanken ... 55
    - 5.2.2.5 Kennenlernen ... 56
- 5.3 Baustein 2: „Grundlagen" ... 59
  - 5.3.1 Übersicht ... 59
  - 5.3.2 Vorgehen ... 59
    - 5.3.2.1 Vier Einflusswege ... 59
    - 5.3.2.2 Gesundheitsorientierte Führung: Was ist das? ... 62
    - 5.3.2.3 Was ist BGM? ... 64
- 5.4 Baustein 3: „SelfCare" ... 68
  - 5.4.1 Übersicht ... 68
  - 5.4.2 Vorgehen ... 68

		5.4.2.1	Kap. 1: Was ist das? (Merkmale von SelfCare)	68
		5.4.2.2	Kap. 2: Wie sieht es bei mir aus? (Selbstcheck SelfCare)	71
		5.4.2.3	Kap. 3: Wie kann ich mich verbessern? Übungen zu SelfCare	72
			5.4.2.3.1 Übung 1: Meine Wertebilanz	73
			5.4.2.3.2 Übung 2: Achtsamkeit	76
			5.4.2.3.3 Übung 3: Gesundheitsverhalten	82
			5.4.2.3.4 Übung 4: Vorbild sein	99
			5.4.2.3.5 Übung 5: Crossover-Effekt	102
5.5	Baustein 4: „StaffCare"			104
	5.5.1	Übersicht		104
	5.5.2	Vorgehen		104
		5.5.2.1	Kap. 1: Was ist das? Merkmale von StaffCare	104
		5.5.2.2	Kap. 2: Wie sieht es bei mir aus? (Selbstcheck StaffCare)	107
		5.5.2.3	Kap. 3: Wie kann ich mich verbessern? Übungen zu StaffCare	108
			5.5.2.3.1 Übung 1: Warum sollte ich mich um die Gesundheit der Mitarbeitenden kümmern? (Gesundheitsorientierte Führungsmotivation)	108
			5.5.2.3.2 Übung 2: Achtsamkeit: Erkennen von Warnsignalen	111
			5.5.2.3.3 Übung 3: Verhalten: Direkter und indirekter Weg	114
			5.5.2.3.4 Übung 4: Verhalten: BGM unterstützen und nutzen	117
			5.5.2.3.5 Übung 5: Verhalten: Mitarbeitende motivieren	118
5.6	Baustein 5: „Cool down"			123
	5.6.1	Übersicht		123
	5.6.2	Vorgehen		124
		5.6.2.1	Rückblick: Zusammenfassung über alle behandelten Themen: Was haben wir alles behandelt?	124
		5.6.2.2	Blick in die Zukunft I: Formulierung konkreter Ziele/Transferübung	124
		5.6.2.3	Blick in die Zukunft II	125
		5.6.2.4	Evaluation I (optional, aber dringend empfohlen)	127
		5.6.2.5	Evaluation II	128
		5.6.2.6	Abschied	128

	5.7	Zusammenfassung	129
	Literatur		130
6	**Anhang**		**131**
	6.1	Was Sie in diesem Kapitel erfahren	131
	6.2	Übersicht über die Materialien	131
	6.3	Evaluationsskalen	131
		6.3.1 Evaluation Teil 1: Skalen zur Evaluation des Trainings	131
		6.3.2 Evaluation Teil 2 (für die Abschlussrunde)	137
	Literatur		138

Über die Autoren

Dr. Annika Krick ist wissenschaftliche Mitarbeiterin und Postdoc an der Professur für Arbeits-, Organisations-, und Wirtschaftspsychologie an der Helmut-Schmidt-Universität/ Universität der Bundeswehr in Hamburg. Nach dem Studium der Psychologie an der Johannes-Gutenberg-Universität Mainz promovierte sie an der Helmut-Schmidt-Universität Hamburg zum Thema förderliche und hinderliche Faktoren für Betriebliche Gesundheitsförderung und Stressprävention. Seit 2015 war sie in mehreren Forschungsprojekten zu Betrieblichem Gesundheitsmanagement (BGM) und Stressprävention tätig und arbeitet aktuell in einem Projekt zur digitalen Führung und Gesundheit („Digital Leadership and Health"). Ihre Forschungsschwerpunkte liegen in den Themenfeldern Betriebliche Gesundheitsförderung und BGM, Evaluation von achtsamkeitsbasierten und ressourcen-orientierten Interventionen im Arbeitskontext, gesundheitsorientierte Führung, sowie digitale Arbeit, Führung auf Distanz und Gesundheit. Zudem ist sie als Trainerin im Bereich Stressprävention (z. B.: Stärken- und Ressourcentraining) und gesundheitsorientierter Führung tätig und bildet Trainer*innen aus.

Prof. Dr. Jörg Felfe ist seit 2010 (Dr. habil., Diplom-Psychologe) Professor für Arbeits-, Organisations- und Wirtschaftspsychologie an der Helmut-Schmidt-Universität/Universität der Bundeswehr Hamburg. Von 2006 bis 2010 war er Professor für Sozial- und Organisationspsychologie und Leiter des Student Service Center an der Universität Siegen. Nach dem Psychologie-Studium in Bochum und Berlin promovierte er 1991 an der FU Berlin und habilitierte 2003 an der Martin-Luther-Universität Halle (Saale). Seit 1993 ist er als Trainer, Coach und Berater tätig. Zudem war er Visiting Professor in Portsmouth, Durham und Shanghai. Zu seinen Forschungsschwerpunkten zählen unter anderem Commitment, transformationale Führung, gesundheitsorientierte Führung, Betriebliches Gesundheitsmanagement, Personalentwicklung, Diagnostik und Evaluation. Er ist zudem Autor von zahlreichen Büchern, u. a. „Mitarbeiterbindung", „Mitarbeiterführung", „Organisationsdiagnostik", und Diagnoseinstrumenten „Health-oriented Leadership (HoL)", „Commit", „Führungsmotivation" und „Leadership Judgement Indicator".

Wichtige Hinweise zum Training und zu diesem Manual

Das vorliegende Manual beschreibt detailliert den Ablauf unseres Trainings zur gesundheitsorientierten Führung. Das Training kann auf 4 bis 5 Termine à 1,5 bis 2 h aufgeteilt werden. Die Trainingsinhalte können jedoch auch in einem oder mehreren Blöcken durchgeführt werden, verteilt auf einen bzw. zwei Tage, oder durch Online-Abschnitte ergänzt werden. Das Training umfasst insgesamt fünf Bausteine. Methodisch besteht das Training aus Sensibilisierung, Selbstchecks, Selbstreflexionen, konkreten Übungen anhand von Praxisbeispielen, Handlungsempfehlungen und dem Austausch in der Gruppe.

Im Training haben die Teilnehmenden die Möglichkeit, zu erfahren, was gesundheitsorientierte (Selbst-)Führung ist, wie gut ihnen bereits gesundheitsorientierte (Selbst-)Führung gelingt und was sie tun können, um ihre gesundheitsorientierte (Selbst-)Führung zu verbessern.

Das Training eignet sich für bis zu 12 Teilnehmende.

Im Folgenden finden Sie einen Überblick zum Aufbau und zur Verwendung des Manuals sowie zu ergänzenden Materialien:

- Kap. 2 benennt die räumlichen und organisatorischen Anforderungen und nennt die erforderlichen Trainerqualifikationen, um das Training erfolgreich durchführen zu können.
- Kap. 3 erläutert die theoretischen Grundlagen und Hintergründe des Trainings. Ein Großteil dieser Inhalte wird auch im Training selbst vermittelt. Diese Inhalte erscheinen dann nochmal bei der Darstellung des Trainingsablaufs. Bitte wundern Sie sich nicht, wenn Sie in Kap. 5 Textpassagen wiederfinden, die Sie bereits in Kap. 3 gelesen haben. Sie haben also die Möglichkeit, sich erstmal unabhängig vom Trainingsablauf in Kap. 3 mit den Inhalten vertraut zu machen. Wenn Ihnen die Inhalte bereits bekannt sind, genügt vielleicht auch ein „Querlesen" und Sie fahren gleich mit Kap. 4 fort.

- In Kap. 4 wird beschrieben, wie die theoretischen Grundlagen in die Konzeption des Trainings eingeflossen sind, welche Ziele das Training verfolgt und welche Kernfragen beantwortet werden sollen. Zusätzlich werden Informationen zu den verwendeten Methoden gegeben und Trainingsvarianten aufgezeigt.
- Kap. 5 gibt zunächst einen Überblick über den Aufbau des gesamten Trainings. Außerdem finden Sie stichpunktartige Ablaufpläne für die einzelnen Bausteine mit einer Übersicht zum Zeitansatz sowie zu den verwendeten Methoden und benötigten Materialien. In diesem Kapitel finden Sie auch detaillierte Anleitungen für die Durchführung aller Module bzw. Bausteine. Zur Orientierung und als Anregung werden konkrete Formulierungsvorschläge angeboten, die besonders gekennzeichnet sind. Dabei handelt es sich zum Teil um die gleichen Passagen wie in Kap. 3 „Theoretischer Hintergrund des Trainings".
- Im Anschluss an einige Inhalte machen wir optionale Vorschläge für Diskussionen und Erfahrungsaustausch mit den Teilnehmenden. Hierzu gibt es als Orientierung Fragen und stichwortartig mögliche Antworten der Teilnehmenden, die wir in unseren eigenen Trainings gesammelt haben.
- Jedes Kapitel beginnt mit einem kurzen Intro zur Orientierung, „Was Sie in diesem Kapitel erfahren". Dann folgt der Hauptteil. Abschließend finden Sie eine Zusammenfassung für jedes Kapitel und die dazugehörige Literatur.

Es empfiehlt sich, die Teilnehmenden zu bitten, eine persönliche Trainingsmappe anzulegen, um alle Unterlagen, Handouts und Reflexionsbögen zu sammeln. Alternativ können Sie die Trainingsmappe vorab drucken lassen und diese als gebundene Exemplare für die Teilnehmenden bereitstellen.

Über Rückmeldungen jeglicher Art zu diesem Manual, aber auch zu Ihren Erfahrungen mit dem Training selbst würden wir uns freuen! Im Anhang dieses Manuals finden Sie drei Skalen, mit denen Sie das Training evaluieren können. Diesen Fragebogen können Sie zur Erfolgskontrolle einsetzen.

Wir wünschen Ihnen viel Spaß und Erfolg bei der Durchführung des Trainings!

Annika Krick & Jörg Felfe

Voraussetzungen für die Trainingsdurchführung

2.1 Was Sie in diesem Kapitel erfahren

Wir empfehlen, das Training überwiegend in Präsenz anzubieten. Grundsätzlich ist aber auch eine Durchführung online möglich. In diesem Kapitel erfahren Sie mehr über die räumlichen Anforderungen für die Trainingsdurchführung und die Materialien, die Sie dafür benötigen. Zusätzlich werden Qualifikationen für Trainer*innen beschrieben, die für die Trainingsdurchführung notwendig sind.

2.2 Räumliche Anforderungen und Materialien

Der Raum für die Durchführung des Trainings sollte folgenden Anforderungen genügen und mit den genannten Materialien ausgestattet werden:

- Für das Training empfehlen wir einen Stuhlkreis oder Tische in U-Form, damit alle Teilnehmenden Blickkontakt haben.
- Eine ansprechende Gestaltung des Raumes ermöglicht es den Teilnehmenden, zu entspannen. Den Raum können Sie aufwerten, indem Sie überflüssige Stühle und Tische kompakt zur Seite räumen, für eine angenehme Beleuchtung sorgen (Jalousien, Stehlampe etc.) und den Raum eventuell durch ein Tuch und Gegenstände mit Symbolwert oder eine Topfpflanze in der Mitte etwas gemütlicher gestalten.

Alle Trainingsmaterialien zur Durchführung des Trainings finden Sie unter:
https://www.hsu-hh.de/psyaow/weiterbildungsangebote/go-fueko/
Um Zugang zu den Unterlagen zu erhalten, benötigen Sie ein Passwort. Schreiben Sie hierfür gerne eine Mail an: GoFueKo_Training@hsu-hh.de.

© Der/die Autor(en), exklusiv lizenziert an Springer-Verlag GmbH, DE, ein Teil von Springer Nature 2024
A. Krick und J. Felfe, *Gesundheitsorientierte Führungskompetenz*,
https://doi.org/10.1007/978-3-662-68670-6_2

- Sie benötigen mindestens einen *Flipchartständer*, an dem Sie die Charts aufhängen können. Ansonsten können die Charts auch an einer *Magnetwand* oder einer *Metaplanwand* befestigt werden. Die Übersicht über das gesamte Training *(Flipchart 2: Überblick)* kann zur Orientierung die ganze Zeit gut sichtbar an einem extra Platz aufgehängt werden. Zusätzlich sollte das Willkommensflipchart *(Flipchart 1: Herzlich willkommen)* immer sichtbar aufgehängt sein (ggf. mit Klebestreifen). Für manche Übungen benötigen Sie weitere Flipcharts. Sorgen Sie dafür, dass Sie genügend Möglichkeiten haben, mehrere Flipcharts gleichzeitig zu zeigen.
- Sie benötigen weiterhin eine *kleine Dose (z. B. Tupperdose oder Keksdose; in der Dose werden Papierschnipsel gesammelt und wieder an die Teilnehmenden ausgeteilt), Klebepunkte* und verschiedenfarbige *Moderationskarten* (am besten rote und grüne) sowie einen *roten, grünen und schwarzen Edding*.
- Im Training werden mehrere *Übungsblätter* verwendet *(s. Trainingsmappe)*. Sie können die Übungsblätter als Trainingsmappe ausdrucken und als kleines Buch binden lassen oder in einer Heftmappe abheften. Die Übungsblätter können bereits zu Beginn des Trainings alle ausgeteilt werden. Alternativ können Sie die Übungsblätter auch einzeln zu jedem Baustein austeilen und die Teilnehmenden bitten, diese nach und nach abzuheften. Hierzu benötigen Sie für die Teilnehmenden *leere Heftmappen*.
- Zum Ausfüllen von Arbeitsblättern sollten für die Teilnehmenden *Bleistifte* oder *Kugelschreiber* zur Verfügung gestellt werden.
- Das Training wird zusätzlich durch eine *PowerPoint-Präsentation* unterstützt. Hierfür benötigen Sie im Raum einen *Beamer* mit blendfreier Projektionsfläche, einen Laptop mit dazugehörigen Anschlüssen oder Adaptern für den Beamer. Zum stressfreien Präsentieren ist ein *Presenter* empfehlenswert.
- Für die Durchführung der Körperübungen wird ausreichend Platz benötigt. Diese Übungen sind im Stehen und Sitzen durchführbar. Somit werden keine Matten benötigt. Weisen Sie die Teilnehmenden bei der Einladung darauf hin, dass bequeme Kleidung hilfreich ist.
- Zur Unterstützung der Achtsamkeitsübung kann das Licht ausgeschaltet oder gedimmt werden. Das kann dabei helfen, die Augen zu schließen und sich auf die Übung einzulassen.
- Insgesamt sollte der Raum ruhig und gut belüftet sein.

2.3 Anforderungen und Kompetenzen für Trainer*innen

Für die Durchführung des Trainings sollten eine Ausbildung und praktische Erfahrungen als Trainer*in sowie im Leiten von Gruppen vorhanden sein. Darüber hinaus sind zur Vermittlung der Inhalte psychologische, fachliche und methodische Kenntnisse notwendig. Insbesondere für die Anleitung der Achtsamkeitsübung empfiehlt sich eigene Achtsamkeitserfahrung und -praxis. Zudem sind Erfahrungen als Führungskraft hilfreich, um sich als Trainer*in besser in die Teilnehmenden und deren Bedürfnisse hineinversetzen zu können.

Die im Training enthaltenen Körperübungen sind jeweils so einfach gehalten, dass sie auch von Personen mit leichten körperlichen Einschränkungen (Rücken- oder Gewichtsprobleme etc.) und auch ohne besondere körperliche Voraussetzungen durchgeführt werden können. Grundsätzlich sind die Übungen jedoch nur so weit auszuführen, wie es die persönliche, körperliche und psychische Verfassung zulässt. Bei Zweifeln oder Erkrankungen sollten die Teilnehmenden vorsichtshalber ärztlichen Rat einholen.

2.4 Zusammenfassung

Zusammenfassend wird für die Trainingsdurchführung ein ausreichend großer Raum mit Stühlen benötigt. Zusätzlich sind Tische empfehlenswert, da die Teilnehmenden während des Trainings mit Übungsblättern arbeiten. Darüber hinaus werden ausreichend Möglichkeiten benötigt, um gleichzeitig mehrere Flipcharts anbringen zu können (Flipchartständer, Metaplanwand mit Pinnnadeln, Moderationswände oder Tafel mit Magneten). Dabei ist zu beachten, dass im Training sowohl Flipcharts benötigt werden, die dauerhaft während des gesamten Trainings gezeigt werden, als auch Flipcharts, die nur vorübergehend gezeigt werden. Weiterhin werden als Materialien benötigt: kleine Dose, Klebepunkte, grüne, rote und schwarze Eddings und Moderationskarten. Die Übungsblätter sind als Trainingsmappe gestaltet und können ausgedruckt und gebunden oder in einer Mappe abgeheftet werden. Technisch werden ein Beamer, eine Projektionsfläche, ein PC/Laptop, ggf. ein Adapter für den Beamer und ein Presenter benötigt, um die PowerPoint-Präsentation zu zeigen. Hinsichtlich der Anforderungen und geforderten Kompetenzen zur Trainingsdurchführung sind eine Ausbildung und praktische Erfahrungen als Trainer*in sowie im Leiten von Gruppen empfehlenswert.

Theoretischer Hintergrund des Trainings

3.1 Was Sie in diesem Kapitel erfahren

In diesem Kapitel erläutern wir die theoretischen Grundlagen des Trainings. Da das hier vorgestellte Training als Teil von Betrieblichem Gesundheitsmanagement gesehen werden kann, werden zum einen theoretische Begriffserklärungen und Grundlagen zu Betrieblichem Gesundheitsmanagement (BGM) dargestellt. Zum anderen wird das Konzept Health-oriented Leadership (HoL) vorgestellt, das die Grundlage des Trainings ist. Zusätzlich werden aktuelle wissenschaftliche Befunde zu HoL vorgestellt. Darüber hinaus gehen wir näher auf die Führungsmotivation ein, da die Motivation, andere Personen gesundheitsorientiert zu führen, im Training eine wichtige Rolle spielen wird. Zusätzlich erklären wir „Gesundheitsverhalten" und „Achtsamkeit" als wichtige Aspekte von gesundheitsorientierter Selbstführung.

3.2 Relevanz der betrieblichen Gesundheitsförderung und Betriebliches Gesundheitsmanagement

Zahlreiche wissenschaftliche Studien zeigen eine hohe Stressbelastung durch die Arbeit (Bundesanstalt für Arbeitsschutz und Arbeitsmedizin 2020). In einer BIBB/BAuA-Beschäftigtenbefragung 2018 mit rund 17.000 Beschäftigten gaben 60 % an, dass sie häufig mehrere Aufgaben gleichzeitig bearbeiten müssen. Fast die Hälfte der Beschäftigten gab an, häufig Zeit- und Leistungsdruck (48 %) oder häufige Störungen und Unterbrechungen während der Arbeit (46 %; Lück et al. 2019) zu erleben. Die Befragung zeigt auch, dass die wahrgenommene Arbeitsbelastung durch hohe Arbeitsintensität über die Jahre zugenommen hat (Lück et al. 2019). Eine Studie der Techniker Krankenkasse zeigt, dass mehr als ein Viertel der befragten Personen sich häufig gestresst fühlt (Techniker

Krankenkasse, 2021). Ein Vergleich zu früheren Stressreports der Krankenkasse zeigt einen kontinuierlichen Anstieg. Vor allem eine zu hohe Arbeitsmenge (64 % der Befragten), Termindruck und Hetze (59 %), Unterbrechungen und Störungen (52 %), mangelnde Anerkennung (39 %) und ständige Erreichbarkeit (28 %) werden als besonders belastend empfunden (Techniker Krankenkasse 2016).

Die Erwerbstätigkeit hat einen entscheidenden Einfluss auf das Stresserleben der Befragten. Die Studie zeigt, dass diejenigen, die nicht erwerbstätig sind, einen deutlich geringeren Stresspegel haben. Bei den Erwerbstätigen stehen drei Viertel unter hohem Druck (Techniker Krankenkasse 2016). Trends wie Digitalisierung und Flexibilisierung sorgen zusätzlich für einen starken Wandel der Arbeit und eine Veränderung der Arbeitsanforderungen (Beermann et al. 2020; Badura et al. 2021; Rahnfeld 2022).

Damit einher geht ein hohes Maß an körperlicher und psychischer Beanspruchung und deren Folgen. Bei den Befragten, die häufig Stress erleben, geben 80 % an, unter Erschöpfung und 74 % unter Muskelverspannung oder Rückenschmerzen zu leiden. Von den häufig gestressten Befragten geben zudem 62 % an, Nervosität bzw. Gereiztheit zu verspüren und 52 % berichten von Einschlaf- und Durchschlafproblemen (Techniker Krankenkasse, 2021). Rückenbeschwerden sind noch immer für jeden zehnten Fehltag verantwortlich. Auf Platz zwei folgt die Erschöpfung. 31 % der Befragten fühlen sich oft gestresst oder ausgebrannt. Auf Platz drei folgen Schlafstörungen (30 %). Jeweils ein Viertel leidet unter Kopfschmerzen oder Migräne, unter Nervosität und Gereiztheit oder unter Herz-Kreislauf-Erkrankungen wie Bluthochdruck. Niedergeschlagenheit oder Depression belasten 13 %. Betrachtet man konkret die psychische Gesundheit, so zeigt sich, dass 53 % der Befragten, die in den vergangenen drei Jahren psychische Beschwerden hatten, sich als oft gestresst beschreiben. Stress korreliert also in hohem Maße mit psychischer Gesundheit (Techniker Krankenkasse 2016). Es wird deutlich, dass Erkrankungen des Bewegungsapparates (22 %), psychische Störungen (22 %), Erkrankungen der Atmung (12 %) und Verletzungen (12 %) die vier wichtigsten Erkrankungsbereiche sind (Grobe und Braun 2022). Ähnliche Befunde werden in anderen Gesundheitsberichten aufgezeigt (Knieps und Pfaff 2022).

Betrachtet man konkret den Anteil von psychischen Erkrankungen am Fehlzeitengeschehen, so zeigt der Gesundheitsreport der Techniker Krankenkasse, dass die Krankheitstage aufgrund psychischer Erkrankungen bei den Erwerbstätigen im Jahr 2021 mit 283 Krankheitstagen je 100 Versicherten den höchsten Stand seit dem Jahr 2000 erreichten. Während Muskel-Skelett-Erkrankungen, Atemwegserkrankungen, Verletzungen sowie Erkrankungen des Kreislauf- und Verdauungssystems relativ stabil geblieben sind, haben die Krankheitstage aufgrund psychischer Erkrankungen von 2010 bis 2021 zugenommen (Techniker Krankenkasse 2022). Im Vergleich zum Jahr 2000 (129 Tage) lagen die Krankheitstage aufgrund psychischer Erkrankungen im Jahr 2021 um 120 % höher (Techniker Krankenkasse 2022). Die mit Abstand längste Fehlzeit im Jahr 2021

3.2 Relevanz der betrieblichen Gesundheitsförderung ...

ist mit psychischen und Verhaltensstörungen verbunden (z. B. 49 Tage pro Fall bei der Barmer; Knieps und Pfaff 2022; Techniker Krankenkasse 2022; Grobe und Braun 2022).

Diese Befunde zeigen, wie wichtig es ist, die Gesundheit am Arbeitsplatz zu erhalten und zu fördern. Sie zeigen die Notwendigkeit von effektiven Programmen zur Verhältnis- und Verhaltensprävention[1] zur Vermeidung von Stress.

Um die Gesundheit der Beschäftigten zu erhalten und zu fördern, haben viele Unternehmen ein Betriebliches Gesundheitsmanagement (kurz BGM) implementiert. BGM beschreibt dabei die „systematische und strukturierte Entwicklung bzw. Schaffung, Planung und Lenkung betrieblicher Strukturen und Prozesse, mit dem Ziel die Gesundheit der Beschäftigten zu erhalten und zu fördern" (DIN SPEC 91.020, 2012:7 nach Becker et al., 2014). Mithilfe von BGM sollen Belastungen der Beschäftigten reduziert und die persönlichen Ressourcen und die Gesundheit gestärkt werden (Struhs-Wehr 2017; Uhle und Treier 2015). In den meisten Fällen ist das BGM in mehrere Handlungsfelder unterteilt:

- Arbeits- und Gesundheitsschutz (ArbSchG) und
- Betriebliches Eingliederungsmanagement (BEM; § 167 Absatz 2 SGB IX) sowie
- Betriebliche Gesundheitsförderung (BGF; Struhs-Wehr 2017).

Der *Arbeits- und Gesundheitsschutz* hat das Ziel, Unfälle bei der Arbeit und arbeitsbedingte Gesundheitsgefahren zu verhüten, Sicherheit und Gesundheitsschutz der Beschäftigten bei der Arbeit durch Maßnahmen des Arbeitsschutzes zu sichern und zu verbessern und arbeitsbedingte Gesundheitsstörungen und Berufskrankheiten zu vermeiden. Gesundheitsgefährdende (langfristige) Auswirkungen (physisch, psychisch und sozial) der Arbeit auf die Gesundheit sollen verhindert werden. Um dies zu erreichen, ist die Identifikation von unfallbegünstigenden und gesundheitsschädigenden Faktoren mittels sogenannter Gefährdungsbeurteilungen notwendig. Darauf basierend werden Maßnahmen auf Verhaltens- (z. B. Stressmanagement, Verhalten im Umgang mit Gefahrstoffen, Verhalten im Notfall) und Verhältnisebene (z. B. Arbeitsinhalt, Arbeitsorganisation, ergonomischer Arbeitsplatz) abgeleitet. Auch die Wirksamkeitsüberprüfung und ggf. Anpassung von Gegebenheiten gehören dazu (Uhle und Treier 2015). Gesetzlich verankert ist der Arbeits- und Gesundheitsschutz im Arbeitsschutzgesetz (ArbSchG 1996). In § 2 und § 4 sind die Aufgaben des Arbeits- und Gesundheitsschutzes beschrieben. Die Pflicht zur Gefährdungsbeurteilung ist in § 5 festgehalten. Hier wird

---

[1] Während die *Verhaltensprävention* durch Information, Übung und Training insbesondere in den Bereichen „gesunde Ernährung", „körperliche Bewegung" oder „konstruktiver Umgang mit Stress" auf die jeweilige Person selbst und ihre gesundheitsrelevanten Verhaltensweisen abzielt, beinhaltet die *Verhältnisprävention* alle Maßnahmen in Hinblick auf die Gestaltung der Arbeit und der Arbeitsbedingungen, aber auch der Lebensbedingungen der Beschäftigten (Lutz et al. 2012).

beschrieben, dass der Arbeitgeber durch eine Beurteilung der für die Beschäftigten mit ihrer Arbeit verbundenen Gefährdung zu ermitteln hat, welche Maßnahmen des Arbeitsschutzes erforderlich sind. Die Gefährdung durch psychische Belastung ist hier explizit genannt und Bestandteil der Gefährdungsbeurteilung.

Das *Betriebliche Eingliederungsmanagement* hat das Ziel, Personen mit einer Arbeitsunfähigkeit wieder in den Beruf einzugliedern und beruflich zu rehabilitieren. Hier geht es um die Einschätzung der Rückkehrperspektive nach Langzeiterkrankungen, um die Vorbeugung erneuter Arbeitsunfähigkeit (Rückfallschutz), Arbeitsfähigkeitscoaching und eine schrittweise Wiedereingliederung (Uhle und Treier 2015). Rechtliche Grundlagen für das Betriebliche Eingliederungsmanagement sind im SGB IX § 167 festgelegt.

Die *Betriebliche Gesundheitsförderung* umfasst alle konkreten Maßnahmen unter Beteiligung der Beschäftigten zur Stärkung ihrer Gesundheitskompetenzen (Verhalten) sowie Maßnahmen zur Gestaltung gesundheitsförderlicher Bedingungen (Verhältnisse) mit dem Ziel, die Gesundheit und das Wohlbefinden zu verbessern und die Beschäftigungsfähigkeit zu erhalten (Bamberg et al. 2011; GKV 2023; Struhs-Wehr 2017). Maßnahmen auf der Verhaltensebene können sich auf unterschiedliche Gesundheitsverhaltensbereiche beziehen, z. B. Ernährung, Schlaf, Stressprävention, Sucht oder Bewegung.

Insgesamt haben Unternehmen so die Möglichkeit, über einen ganzheitlichen Ansatz die Gesundheit der Beschäftigten zu erhalten und aktiv zu fördern.

Das hier vorgestellte Training setzt auf Ebene der individuellen Verhaltensprävention im Bereich BGF an und bildet einen wichtigen Baustein im betrieblichen Gesundheitsmanagement. Im Training werden gleichermaßen auch Aspekte der Verhältnisprävention adressiert. Für eine effektive und nachhaltige Gesundheitsprävention sind neben dem gesundheitsrelevanten Verhalten der Beschäftigten und Führungskräfte selbst auch die Arbeitsverhältnisse wichtig (Verhältnisprävention). Da Führungskräfte mit ihrem Verhalten durch die Schaffung von gesundheitsförderlichen Arbeitsbedingungen (indem Ressourcen gefördert und Belastungsrisiken abgebaut werden) die Gesundheit der Beschäftigten direkt beeinflussen, setzt das Training somit auch an der Verhältnisprävention an.

3.3 Einflusswege von Führung auf Gesundheit

Insgesamt wird die Rolle von Unternehmen und organisationaler Faktoren für die Gesunderhaltung der Beschäftigten oft unterschätzt. Einflussfaktoren werden meist eher in genetischen Veranlagungen, dem privaten Umfeld und persönlichem Lebensstil wie Bewegung und Ernährung gesehen. Eine gesundheitsförderliche Gestaltung der Arbeitsbedingungen und das Verhalten der Führungskraft sind jedoch auch erhebliche Einflussfaktoren für die Gesundheit am Arbeitsplatz (Jiménez et al. 2017b; Bakker und Demerouti 2007; Montano et al. 2017; Pischel et al. 2023).

Studien zeigen, dass Führungskräfte auf unterschiedlichen Wegen die Gesundheit der Beschäftigten beeinflussen können (Pischel et al. 2023; Krick et al. 2022b):

1. **Direkter Einflussweg:** Führungskräfte nehmen durch ihr Kommunikationsverhalten direkten Einfluss auf die Gesundheit ihrer Mitarbeitenden. Führungskräfte wirken zum Beispiel positiv auf die Gesundheit der Mitarbeitenden, indem sie im direkten Kontakt unterstützend und wertschätzend kommunizieren und Sinn vermitteln. So stellen sie eine wichtige Ressource für die Mitarbeitenden dar und wirken positiv auf das Wohlbefinden und die Gesundheit (Dormann und Zapf 1999; Yang et al. 2015; Khalid et al. 2012). Führungskräfte können jedoch auch als Stressor wirken, z. B. durch abwertendes und distanziertes Verhalten, Bevormundung, Misstrauen, übermäßige Kontrolle oder Missachtung. Durch solche Verhaltensweisen haben Führungskräfte einen negativen Einfluss auf die Mitarbeitergesundheit (Wegge et al. 2014).
2. **Indirekter Einflussweg:** Führungskräfte wirken nicht nur über ihr direktes Verhalten und die Kommunikation auf die Mitarbeitergesundheit, sondern auch indirekt, indem sie die Arbeitsbedingungen gestalten. Über die Gestaltung der Arbeitsbedingungen können Führungskräfte positiv oder negativ auf die Gesundheit der Beschäftigten wirken. Zur Gestaltung gesundheitsförderlicher Arbeitsbedingungen zählen zum Beispiel die Sicherstellung von gut ausgestatteten, ergonomischen Arbeitsplätzen (Sitzmöbel, Stehhilfen, Beleuchtung) und die Bereitstellung geeigneter Arbeitsmittel (Werkzeuge, Software). Hier können Führungskräfte nicht immer großen Einfluss nehmen, da Arbeitsmittel und Ausstattung meist in den Händen des Dienstherrn und der Organisation liegen. Jedoch können sich Führungskräfte starkmachen und sich für eine gute Ausstattung einsetzen. Darüber hinaus geht es auch um die Gestaltung der Arbeitsaufgaben und -inhalte wie z. B. klare Aufträge, Handlungs- und Entscheidungsspielräume sowie Zeitautonomie (Jiménez et al. 2017a; Nielsen et al. 2008). Vor allem geht es darum, gesundheitliche Risiken und Belastungen am Arbeitsplatz zu reduzieren (z. B. Zeitdruck, Konkurrenz, Überforderung) und Ressourcen zur Stressbewältigung (z. B. Schaffung von Handlungsspielraum, Kompetenzen entwickeln) zu schaffen. Hier können Führungskräfte einen wesentlichen Beitrag leisten.
3. **Crossover-Effekt:** Nicht nur Beschäftigte erleben Belastungen am Arbeitsplatz. Führungskräfte sind selbst erheblichen Stressoren am Arbeitsplatz ausgesetzt. Wie Studien belegen, erleben Führungskräfte häufig Unterbrechungen und Zeitdruck. Sie müssen Multitasking betreiben und eine hohe Arbeitsmenge bewältigen (Cavanaugh et al. 2000; Felfe 2009; Wilde et al. 2010; Knudsen et al. 2009). Studien zeigen, dass 70 % der befragten Führungskräfte angeben, mehr als 50 h in der Woche zu arbeiten, 80 % berichten, dass sie regelmäßig am Wochenende arbeiten, ein Drittel macht keine Pause während der Arbeitszeit (Hunziger und Kesting 2004; Wittig et al. 2013). Wenn Führungskräfte selbst enormem Stress ausgesetzt sind, besteht nicht nur das Risiko, dass sie ihrer eigenen Gesundheit schaden, sondern sie stellen auch ein Risiko für ihre

Beschäftigten dar. Gestressten Führungskräften stehen weniger Ressourcen zur Verfügung, um eine Unterstützung für die Beschäftigten zu sein (Klebe et al. 2022b). So kann ein Übertragungsrisiko entstehen, dass sie aufgrund der eigenen Überlastung und des Stresses schneller gereizt reagieren und den Druck nach unten weitergeben (Li et al. 2016). In der Literatur wird in diesem Fall von einem Crossover-Effekt gesprochen (Bakker und Schaufeli 2000).

4. **Vorbildeffekt:** Führungskräfte wirken nicht nur in Bezug auf die zu erbringende Leistung als Rollenmodelle und Vorbilder, sondern auch in Bezug auf die Gesundheit und ihr Gesundheitsverhalten (Felfe et al. 2017; Krick et al. 2022b; Pischel et al. 2023). Im Arbeitskontext bedeutet das, dass Führungskräfte ihre eigenen Beschäftigten dabei unterstützen und motivieren können, selbst auf die eigene Gesundheit zu achten und die Selbstverantwortung der Mitarbeitenden anzuregen, indem sie als gutes Vorbild vorausgehen und sich selbst gesundheitsförderlich verhalten und ihre Gesundheit nicht gefährden. Die Vorbildwirkung ist umso erfolgreicher, je authentischer Führungskräfte als Rollenvorbilder wahrgenommen werden.

Um die verschiedenen Perspektiven, Einflusswege und Wirkmechanismen in ein Konzept zu integrieren, wurde der Ansatz Health-oriented Leadership (HoL) entwickelt (Felfe et al. 2017; Pundt und Felfe 2017; Franke et al. 2014). Das HoL-Konzept stellt ein gesundheitsspezifisches Führungskonzept dar, welches die Gesundheit in den Mittelpunkt stellt und beschreibt, was gesundheitsorientierte Führung ausmacht.

Im folgenden Abschnitt erläutern wir den HoL-Ansatz und stellen anschließend aktuelle Befunde dar. Der HoL-Ansatz bildet die theoretische Grundlage des hier vorgestellten Trainings.

3.4 Health-oriented Leadership

3.4.1 Konzept

Das HoL-Konzept (Franke et al. 2014) ist ein integrativer Ansatz und setzt an drei Punkten an, die für gesundes Führen von Bedeutung sind: (1) SelfCare der Führungskraft, (2) SelfCare der Beschäftigten und (3) StaffCare der Führungskraft:

1. **SelfCare der Führungskraft** beschreibt die gesundheitsorientierte Selbstführung der Führungskraft und damit den Umgang der Führungskraft mit ihrer eigenen Gesundheit (Wie gehe ich selbst mit meiner Gesundheit als Führungskraft um?). Hier kommen vor allem der Einflussweg über die Vorbildwirkung und die Rolle der eigenen Belastung der Führungskraft (Crossover-Effekt) zum Tragen.
2. Unter **SelfCare der Beschäftigten** wird die gesundheitsorientierte Selbstführung der Beschäftigten verstanden. Sie beschreibt den Umgang der Beschäftigten mit ihrer eigenen Gesundheit (Wie gehe ich selbst mit meiner Gesundheit um?). Die Eigenver-

3.4 Health-oriented Leadership

antwortlichkeit der Mitarbeitenden ist damit wesentlicher Bestandteil von gesunder Führung.

3. Während SelfCare beschreibt, wie Beschäftigte und Führungskraft jeweils mit ihrer eigenen Gesundheit umgehen, geht es bei **StaffCare** um die gesundheitsorientierte Mitarbeiterführung und die Frage, wie die Führungskraft die Gesundheit der Beschäftigten fördern kann.

Das Konzept setzt somit bei der Verantwortung der Führungskräfte an, berücksichtigt jedoch auch die Eigenverantwortung der Beschäftigten.

StaffCare und SelfCare bestehen jeweils aus drei Komponenten: a) Wichtigkeit, b) Achtsamkeit und c) Verhalten:

a. Mit dem Aspekt **Wichtigkeit** sind gesundheitsbezogene Einstellungen und Wertorientierungen gemeint.
   – Wichtigkeit beschreibt *auf SelfCare bezogen,* welche Relevanz und Priorität Führungskräfte und Beschäftigte ihrer eigenen Gesundheit zuschreiben.
   – *Auf StaffCare bezogen* meint Wichtigkeit, dass Führungskräften die Gesundheit der Mitarbeitenden wichtig ist und sie sich für deren Gesundheit verantwortlich fühlen.
b. Damit ein hoher Stellenwert auch verhaltenswirksam werden kann, ist es wichtig, auf Risiken und Warnsignale zu achten, damit diese frühzeitig erkannt werden. Dieses Bewusstsein und die Aufmerksamkeit für die eigene Gesundheit werden im Aspekt **Achtsamkeit** beschrieben.
   – Achtsamkeit *bezogen auf SelfCare* beschreibt die bewusste Wahrnehmung der eigenen Gesundheit sowie des aktuellen Stresserlebens, d. h. zu bemerken, wenn man überfordert oder gestresst ist, und zu erkennen, wann Erholungspausen notwendig sind. Es bedeutet, für Frühwarnzeichen von Stress und Faktoren, die die eigene Gesundheit gefährden können, sensibel zu sein und diese rechtzeitig wahrzunehmen. Führungskräfte oder Beschäftigte mit einer geringen Achtsamkeit merken oft zu spät, wenn sie sich überfordert haben und belastet sind.
   – *Auf StaffCare bezogen* heißt Achtsamkeit, dass die Führungskräfte die Fähigkeit besitzen, den Gesundheitszustand und das Stresserleben der Beschäftigten bewusst wahrzunehmen, die individuellen Frühwarnsignale adäquat einzuschätzen und Warnsignale von Überforderung bei ihren Beschäftigten erkennen zu können.
c. Wird die Gesundheit als wichtig eingeschätzt (Wichtigkeit) und werden Risiken bewusst wahrgenommen (Achtsamkeit), können entsprechende Maßnahmen ergriffen werden. Wichtigkeit und Achtsamkeit sind somit Voraussetzungen für gesundheitsförderliches **Verhalten.** Die „Verhaltens-Komponente" ist unterteilt in drei Bereiche: gesundheitsförderliches Verhalten, gesundheitsschädigendes Verhalten und gesunder Lebensstil.
   – *Auf SelfCare bezogen* beschreiben die ersten beiden Aspekte das Ausmaß, inwieweit tatsächlich konkrete gesundheitsrelevante Verhaltensweisen ausgeübt werden sowie Maßnahmen ergriffen werden, um die Gesundheit zu fördern, oder um-

gekehrt sogar Verhaltensweisen gezeigt werden, welche die Gesundheit gefährden. Dabei geht es um Verhaltensprävention (z. B. Pausen einhalten, gesundes Sitzen, Zeitmanagement), aber auch um Verbesserungen im Arbeitsumfeld durch Verhältnisprävention (z. B. ergonomisches Arbeitsumfeld, effektive Arbeitsorganisation). Der Lebensstil beschreibt gesundheitsförderliches Verhalten außerhalb des Arbeitsplatzes (gesunde Ernährung, ausreichend Bewegung).

- *In Bezug auf StaffCare* beschreibt die Verhaltenskomponente, inwieweit sich Führungskräfte aktiv gesundheitsförderlich ihren Beschäftigten gegenüber verhalten (z. B. indem sie für eine gesundheitsgerechte Arbeitsgestaltung sorgen, sie zu gesundheitsförderlichem Verhalten motivieren oder ihnen entsprechende Ressourcen zur Verfügung stellen) oder sogar deren Gesundheit gefährden (z. B. indem sie ihnen zu viel zumuten). Zu gesundheitsförderlichen Verhaltensweisen zählt beispielsweise auch, Beschäftigten die Teilnahme an Angeboten des Betrieblichen Gesundheitsmanagements (BGM) zu ermöglichen und sie dazu zu motivieren. Auf die Subfacette „Lebensstil" bezogen beschreibt StaffCare eine Führungskraft, die ihre Mitarbeitenden zu einem gesunden Lebensstil auch außerhalb der Arbeitszeit motiviert und ermutigt.

▶ Das hier vorgestellte Training fördert SelfCare und StaffCare der Führungskräfte, indem es Führungskräften Möglichkeiten aufzeigt, besser für sich und die eigene Gesundheit zu sorgen, um auch ein gutes Vorbild sein zu können, und wie es ihnen gelingt, besser für die Gesundheit der Beschäftigten zu sorgen.

3.4.2 Wirkzusammenhänge

Das HoL-Modell geht davon aus, dass Führungskräfte und Mitarbeitende, die ihrer Gesundheit einen hohen Stellenwert zuschreiben (Wichtigkeit), auf Zeichen von Überforderung achten (Achtsamkeit) und aktiv ihre Gesundheit fördern (Verhalten), eine bessere Gesundheit haben (Pfad a1 und a2, Abb. 3.1). Eine hohe SelfCare sollte demnach mit einer besseren Gesundheit einhergehen. Weiterhin wird angenommen, dass eine hohe SelfCare der Führungskraft auch die Eigenverantwortung der Mitarbeitenden fördert und demnach mit mehr SelfCare der Mitarbeitenden einhergeht (Pfad b, Abb. 3.1). Hier wird vom Vorbildeffekt gesprochen.

Zusätzlich nimmt das HoL-Konzept an, dass Führungskräfte, die sich selbst gesundheitsorientiert führen, besser in der Lage sind, sich um die Gesundheit ihrer Beschäftigten im Sinne von StaffCare zu kümmern (Pfad d, Abb. 3.1). Führungskräfte, die ihrer Gesundheit einen hohen Stellenwert zuschreiben (SelfCare Wichtigkeit), auf Zeichen von Überforderung achten (SelfCare Achtsamkeit) und aktiv ihre Gesundheit fördern (SelfCare Verhalten), priorisieren auch eher die Gesundheit ihrer Mitarbeitenden (StaffCare Wichtigkeit), achten mehr auf deren Warnsignale und Zeichen von Überforderung (StaffCare Achtsamkeit) und sind auch eher in der Lage, die Gesundheit der

3.4 Health-oriented Leadership

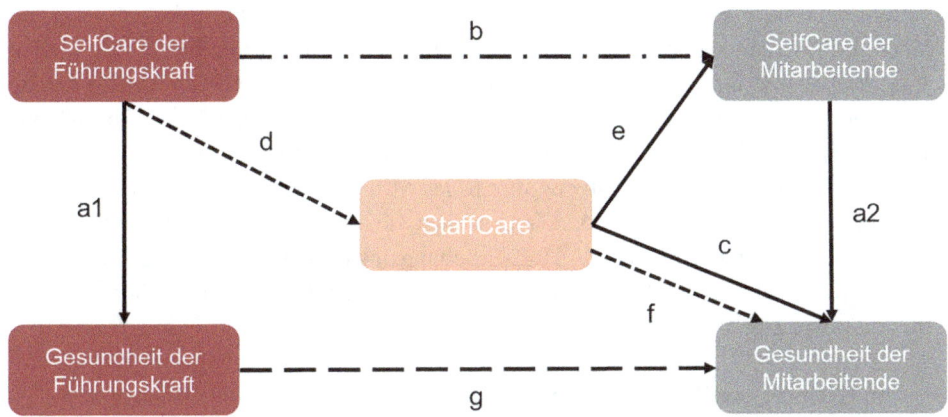

Abb. 3.1 Wirkungsmodell zwischen SelfCare und StaffCare in der gesundheitsorientierten Führung

Beschäftigten aktiv zu fördern (StaffCare Verhalten). Darüber hinaus wird angenommen, dass StaffCare sich direkt positiv auf die Mitarbeitergesundheit (Pfad c, Abb. 3.1) und zusätzlich indirekt über die SelfCare der Mitarbeitenden auswirkt (Pfad e x a2, Abb. 3.1).

Das Modell postuliert, dass SelfCare der Führungskraft auf zwei Wegen eine gesundheitsförderliche Wirkung entfalten kann: Zum einen kann eine hohe SelfCare der Führungskraft indirekt über SelfCare der Mitarbeitenden vermittelt auf die Gesundheit der Mitarbeitenden wirken (Pfad b × a2, Abb. 3.1). Zum anderen kann SelfCare der Führungskraft indirekt über StaffCare zu einer verbesserten Gesundheit der Mitarbeitenden führen. Hier wird vom „Weg der verbesserten Führung" gesprochen (Pfad d × f, Abb. 3.1). Es wird angenommen, dass Führungskräfte, die sich gut um sich selbst kümmern (hohe SelfCare), eher in der Lage sind, sich um ihre Beschäftigten zu kümmern, und so indirekt die Gesundheit fördern.

Auch der Crossover-Effekt ist im Modell mitberücksichtigt. Es wird angenommen, dass die Gesundheit der Führungskräfte direkt mit der Gesundheit der Beschäftigten zusammenhängt (Pfad g, Abb. 3.1: Pischel et al. 2023).

Die postulierten Wirkzusammenhänge sind in Abb. 3.1 dargestellt.

3.4.3 HoL-Erhebungsinstrument

Auf der Basis des HoL-Konzepts wurde ein Erhebungsinstrument zur Erfassung gesundheitsorientierter Selbst- und Mitarbeiterführung entwickelt (Pundt und Felfe 2017). Das HoL-Erhebungsinstrument beinhaltet jeweils die SelfCare der Führungskraft und Beschäftigten sowie StaffCare mit den drei Aspekten Wichtigkeit, Achtsamkeit und Verhalten. Die SelfCare der Beschäftigten wird als Selbsteinschätzung durch die Beschäftigten erfasst. Für StaffCare und SelfCare der Führungskraft liegen zwei unabhängige Einschätzungsmöglichkeiten vor. Zum einen schätzen Führungskräfte in einer Selbsteinschätzung ihre eigene StaffCare und SelfCare ein, zum anderen werden die Beschäftigten gebeten, diese Sichtweise zu ergänzen, indem sie in einer Fremdeinschätzung StaffCare und SelfCare ihrer Führungskraft bewerten. So können Selbsteinschätzung der Führungskraft und Fremdeinschätzung durch das Mitarbeiterfeedback gegenübergestellt werden. Auf dieser Grundlage können Ursachen für mögliche Diskrepanzen und Abweichungen erarbeitet werden. Das HoL-Erhebungsinstrument ist mit einem 180-Grad-Feedback aus Führungskraft- und Mitarbeitenden-Perspektiven vergleichbar (Pischel et al. 2023; Krick et al. 2022b).

▶ Im Training werden vor allem die Selbsteinschätzungen zum Einsatz kommen, um den Führungskräften Reflexions- bzw. Diagnosemöglichkeiten bezüglich ihrer gesundheitsorientierten Selbst- und Mitarbeiterführung zu ermöglichen.

3.4.4 Aktuelle Befunde

Zunächst konnte die angenommene Dimensionalität gesundheitsorientierter Führung bestätigt werden. So hat sich gezeigt, dass sich SelfCare und StaffCare tatsächlich in Wichtigkeit, Achtsamkeit und Verhalten unterteilen lassen (Franke et al. 2014; Pundt und Felfe 2017).

Entsprechend den verschiedenen Einflusswegen des Führungsverhaltens auf die Mitarbeitergesundheit geht auch der HoL-Ansatz von multiplen Einflüssen über SelfCare (gesundheitsorientierte Selbstführung) und StaffCare (gesundheitsorientierte Mitarbeiterführung) aus. Die Grundannahmen des HoL-Modells konnten in zahlreichen empirischen Untersuchungen bestätigt werden. Im Folgenden werden die aktuellen wissenschaftlichen Befunde zu HoL näher dargestellt. Diese sind auch in zahlreichen Publikationen als Überblick nachzulesen (Krick et al. 2022b; Pischel et al. 2023; Krick und Felfe 2022).

3.4.4.1 Direkte Effekte

3.4.4.1.1 SelfCare
In Bezug auf *gesundheitsbezogene Indikatoren* konnten bisherige Studien zeigen, dass SelfCare positiv mit

- Wohlbefinden (Santa Maria et al. 2019) und
- der allgemeinen Gesundheit (Franke et al. 2014; Pundt und Felfe 2017; Klug et al. 2022, 2019) zusammenhängt.

3.4 Health-oriented Leadership

Negative Zusammenhänge ließen sich zu

- psychischer Beanspruchung, z. B. Gereiztheit (Klug et al. 2019, 2022; Franke et al. 2014; Pundt und Felfe 2017),
- gesundheitlichen Beschwerden (Pundt und Felfe 2017; Franke et al. 2014; Klug et al. 2019, 2022; Santa Maria et al. 2019),
- Depressionen (Santa Maria et al. 2019),
- Burnout/Erschöpfung (Santa Maria et al. 2019; Arnold und Rigotti 2020b 2023; Grimm et al. 2021; Horstmann 2018; Kaluza et al. 2021; Klebe et al. 2021b),
- Präsentismus (Pundt und Felfe 2017) und
- Work-Family-Konflikten (Franke et al. 2014; Pundt und Felfe 2017) finden.

In Bezug auf *arbeitsbezogene Einstellungen* zeigten Studien, dass SelfCare positiv mit Arbeitsengagement zusammenhängt (Grimm et al. 2021; Arnold und Rigotti 2020b 2023).

Betrachtet man Zusammenhänge von SelfCare der Führungskräfte mit der Gesundheit der Mitarbeitenden, so zeigen Pundt und Felfe (2017) einen negativen Zusammenhang zwischen dem gesundheitsgefährdenden SelfCare-Verhalten von Führungskräften und der Gesundheit der Mitarbeitenden sowie einen positiven Zusammenhang mit gesundheitlichen Beschwerden und Präsentismus (Pundt und Felfe 2017). Klug und Kollegen (2019) zeigten ebenfalls einen positiven Zusammenhang zwischen dem SelfCare-Verhalten der Führungskräfte und der Gesundheit der Mitarbeitenden sowie einen negativen Zusammenhang mit der Belastung und gesundheitlichen Beschwerden der Mitarbeitenden. Auch eine Mehrebenenstudie von Grimm und Kollegen (2021) fand einen positiven Zusammenhang zwischen der SelfCare der Führungskraft und dem Engagement der Mitarbeitenden und einen negativen Zusammenhang mit der Erschöpfung (Grimm et al. 2021).

3.4.4.1.2 StaffCare

Hinsichtlich der *gesundheitlichen Auswirkungen* von StaffCare zeigt die bisherige Befundlage, dass StaffCare positiv mit

- der allgemeinen Gesundheit der Mitarbeitenden (Franke et al. 2014; Hauff et al. 2022; Klamar et al. 2018; Klug et al. 2019, 2022; Krick et al. 2022c; Pundt und Felfe 2017),
- der psychischen Gesundheit (Arnold und Rigotti 2020a) und
- dem Wohlbefinden (Santa Maria et al. 2019) zusammenhängt.

Negative Zusammenhänge wurden für

- körperliche und psychosomatische Gesundheitsbeschwerden (Franke et al. 2014; Hauff et al. 2022; Pundt und Felfe 2017; Santa Maria et al. 2019; Krick et al. 2022c;

Klug et al. 2019; Klug et al. 2022; Köppe et al. 2018; Horstmann und Remdisch 2016),
- Burnout/Erschöpfung (Arnold und Rigotti 2020b; Grimm et al. 2021; Horstmann 2018; Kaluza et al. 2021; Kaluza et al. 2020; Klebe et al. 2021a; Klebe et al. 2021b; Pundt und Felfe 2017; Santa Maria et al. 2019; Santa Maria et al. 2021; Arnold und Rigotti 2023),
- Stresserleben (Pundt und Felfe 2017; Krick et al. 2022c; Klug et al. 2019, 2022; Hauff et al. 2022; Franke et al. 2014),
- Ängste (Vonderlin et al. 2020a),
- Depressionen (Vonderlin et al. 2020a; Santa Maria et al. 2019),
- Präsentismus (Pundt und Felfe 2017) und
- Work-Family-Konflikte (Pundt und Felfe 2017; Franke et al. 2014) gezeigt.

In Bezug auf *arbeitsbezogene Einstellungen* zeigen bisherige Studien, dass StaffCare ebenfalls positiv mit

- Arbeitszufriedenheit (Krick et al. 2022c; Pundt und Felfe 2017),
- Arbeitsengagement (Arnold und Rigotti 2020b 2023; Grimm et al. 2021; Hauff et al. 2022; Kaluza et al. 2020, 2021),
- Leistung (Klebe et al. 2021a) und
- Commitment der Mitarbeitenden zusammenhängt (Hauff et al. 2022; Horstmann und Remdisch 2016; Klamar et al. 2018).

Darüber hinaus konnte eine Studie von Pischel und Felfe zeigen, dass StaffCare die Bereitschaft der Mitarbeitenden fördert, gegenüber Führungskräften offen über eigene Belastungen zu sprechen (Pischel und Felfe 2022). StaffCare hängt auch positiv mit der Absicht der Mitarbeitenden zusammen, an Aktivitäten der betrieblichen Gesundheitsförderung teilzunehmen. Das gilt auch für die tatsächliche Teilnahme (Krick et al. 2019).

Studien betrachteten ebenfalls Zusammenhänge von StaffCare auf die Gesundheit der Führungskräfte selbst. Pundt und Felfe (2017) konnten zum Beispiel positive Zusammenhänge zwischen StaffCare „Achtsamkeit" und der allgemeinen Gesundheit der Führungskräfte sowie negative Zusammenhänge mit der Belastung und Work-Family-Konflikten der Führungskräfte finden. Die Facette „Verhalten" zeigte positive Zusammenhänge mit dem Gesundheitszustand der Führungskräfte und einen negativen Zusammenhang mit Work-Family-Konflikten (Pundt und Felfe 2017). Grimm und Kollegen (2021) konnten zusätzlich zeigen, dass StaffCare positiv mit ihrem eigenen Arbeitsengagement und negativ mit ihrer eigenen Erschöpfung zusammenhängt.

Darüber hinaus untersuchten Studien die Bedingungen für die Wirksamkeit von StaffCare. Eine Studie von Klebe et al. (2021a) fand, dass StaffCare in Krisenzeiten besonders wichtig für die Gesundheit der Mitarbeitenden ist: StaffCare hat einen besonders positiven Einfluss auf die Gesundheit der Mitarbeitenden, wenn ihre Gesundheit durch eine Krisensituation bedroht ist. Gerade wenn Mitarbeitende auf die Unterstützung ihrer

Führungskraft angewiesen sind, können gesundheitsorientierte Führungskräfte einen positiven Einfluss auf die Gesundheit der Mitarbeitenden haben und einen wichtigen Beitrag zu deren psychischer Gesundheit leisten. Eine weitere Studie zeigte, dass sich StaffCare umso wirksamer für die Gesundheit der Mitarbeitenden erwies, je stärker die Krise war (Klebe et al. 2021b). Die Ergebnisse unterstreichen, dass StaffCare während der Pandemie zwar gefährdet war, aber an Bedeutung gewann. Indem sie gesundheitsorientiert führen, können Führungskräfte negative Auswirkungen der Krise auf ihre Mitarbeitenden abfedern.

3.4.4.2 Indirekte Effekte

3.4.4.2.1 Indirekte Effekte von StaffCare über SelfCare der Mitarbeitenden

Studien zeigen Belege für den postulierten indirekten Effekt von StaffCare auf die Mitarbeitergesundheit über SelfCare der Mitarbeitenden (Franke et al. 2014; Horstmann 2018; Kaluza und Junker 2022; Kaluza et al. 2020; Klebe et al. 2021b; Santa Maria et al. 2019). Dies bedeutet, dass die StaffCare der Führungskräfte zu einer verbesserten SelfCare der Mitarbeitenden führt, was wiederum zu einer besseren Gesundheit und einer besseren Work-Life-Balance der Mitarbeitenden beiträgt. Kaluza und Kollegen zeigen ebenfalls, dass die SelfCare der Mitarbeitenden den Zusammenhang zwischen StaffCare-Verhalten und Erschöpfung vermittelt (Kaluza et al. 2021).

3.4.4.2.2 Indirekte Effekte von SelfCare der Führungskraft über StaffCare und SelfCare der Mitarbeitenden

Auf der Grundlage der „Conservation of Resource (COR)"-Theorie (Hobfoll et al. 2018) und des HoL-Konzepts testeten Klug und Kollegen (2022) in einer Mehrebenenstudie zwei Mechanismen, durch die Mitarbeitende von selbstfürsorglichen Führungskräften (SelfCare) profitieren können: (a) durch StaffCare, d. h. die Sorge um die Gesundheit ihrer Mitarbeitenden („improved leadership hypothesis"), und (b) durch eine direkte Beziehung zwischen der SelfCare der Führungskraft und der SelfCare der Mitarbeitenden („Vorbildwirkung"). Die Ergebnisse zeigten, dass die SelfCare der Führungskraft positiv mit der von der Führungskraft bewerteten StaffCare zusammenhing, die wiederum positiv mit der von den Mitarbeitenden bewerteten StaffCare zusammenhing. Die von den Mitarbeitenden bewertete StaffCare stand wiederum in einem positiven Zusammenhang mit der Gesundheit der Mitarbeitenden. Die Studie liefert einen empirischen Beleg für die indirekte Wirkung von SelfCare der Führungskraft auf die Gesundheit der Mitarbeitenden über StaffCare. Die Ergebnisse unterstützen somit die Hypothese der verbesserten Führung („improved leadership hypothesis") und unterstreichen die Bedeutung der SelfCare der Führungskraft als Determinante von StaffCare. Dieser indirekte Effekt wird auch von Arnold und Rigotti bestätigt (Arnold und Rigotti 2020b).

Hinsichtlich der Vorbildwirkung von SelfCare der Führungskraft auf SelfCare der Mitarbeitenden gibt es bisher nur wenige Studien. Studien fanden einen positiven

Zusammenhang zwischen SelfCare der Führungskräfte und SelfCare der Mitarbeitenden (Klug et al. 2019, 2022).

3.4.4.2.3 Indirekte Effekte von StaffCare und SelfCare über Arbeitsbedingungen

Was andere indirekte Einflusswege von StaffCare betrifft, so konnten Grimm et al. (2021) zeigen, dass die Auswirkungen von StaffCare auf das Engagement der Mitarbeitenden durch Teamressourcen wie Rollenklarheit, Unterstützung durch die Führungskraft und Kolleg*innen oder berufliche Entwicklungsmöglichkeiten vermittelt werden. Sie zeigten außerdem, dass die Beziehung zwischen StaffCare der Führungskraft und der Erschöpfung der Mitarbeitenden durch die Arbeitsanforderungen der Mitarbeitenden vermittelt wurde. Horstmann und Remdisch (2016) zeigten ebenfalls, dass StaffCare die Ressourcen der Mitarbeitenden fördert und die Arbeitsanforderungen minimiert und somit einen indirekten Einfluss auf die Gesundheit und das Engagement der Mitarbeitenden hat. In einer Längsschnittstudie von Kaluza und Junker (2022) zeigte sich, dass StaffCare auch vermittelt über das wahrgenommene Gesundheitsklima indirekt auf die Erschöpfung der Mitarbeitenden wirkt.

Was die indirekte Wirkung von SelfCare über Ressourcen und Arbeitsanforderungen betrifft, so zeigten Grimm und Kollegen (2021) eine indirekte Wirkung von SelfCare der Führungskräfte auf deren eigenes Engagement über deren Arbeitsressourcen. Zudem zeigt sich ein indirekter Einfluss von SelfCare für Führungskräfte auf deren Erschöpfung über die erlebten Arbeitsanforderungen (Grimm et al. 2021).

3.4.4.2.4 Pufferwirkung von StaffCare

Basierend auf den Annahmen des „Job Demands-Resources (JD-R)"-Modells (Bakker und Demerouti 2007) haben Studien den Puffereffekt von StaffCare auf den Zusammenhang zwischen Arbeitsanforderungen der Mitarbeitenden und ihrer Gesundheit (z. B. Irritation, Burnout, Beschwerden) und Arbeitszufriedenheit untersucht (Krick et al. 2022c; Santa Maria et al. 2021). Santa Maria und Kollegen (2021) zeigten, dass StaffCare „Achtsamkeit" und „Wichtigkeit" die Auswirkungen von Arbeitsaufwand auf das Burnout-Niveau von Polizeibeamt*innen abpuffern. Krick und Kollegen zeigten, dass Mitarbeitende, die eine gesundheitsorientierte Führungskraft haben, weniger wahrscheinlich starke negative Auswirkungen auf ihre Gesundheit und Arbeitszufriedenheit erleben, wenn sie mit hohen Arbeitsanforderungen und Arbeitsstressoren konfrontiert sind (Krick et al. 2022c).

▶ Viele Studien konnten zeigen, dass SelfCare und StaffCare wertvolle Ressourcen im Arbeitskontext sind und förderliche Effekte auf die Gesundheit der Beschäftigten wie auch der Führungskräfte selbst zeigen.

3.4.4.3 Crossover-Effekte

Ausgehend von der Annahme, dass Belastungen durch sozialen Austausch zwischen Führungskräften und deren Team übertragen werden können (Bakker und Schaufeli

2000), insbesondere wenn Führungskräfte und Mitarbeitende eng zusammenarbeiten, geht das HoL-Modell ferner davon aus, dass der eigene Gesundheitszustand der Führungskräfte auch einen Einfluss auf den Gesundheitszustand der Mitarbeitenden hat. Dieser Effekt wird in der Literatur als Crossover-Effekt bezeichnet. Köppe et al. (2018) fanden keinen direkten Crossover-Effekt der Erschöpfung der Führungskräfte auf die somatischen Beschwerden der Mitarbeitenden, aber sie fanden einen indirekten Effekt, der durch die StaffCare der Führungskräfte vermittelt wurde, sodass die Gesundheit der Führungskräfte mit der StaffCare zusammenhing, die wiederum die Gesundheit der Mitarbeitenden beeinflusst. Wirtz et al. (2017) untersuchten den Crossover-Effekt in der entgegengesetzten Richtung (also von den Mitarbeitenden zur Führungskraft) und fanden heraus, dass ein höheres Arbeitsengagement der Mitarbeitenden zu einem höheren Arbeitsengagement der Führungskräfte führt.

3.4.4.4 Einflussfaktoren von HoL

Da ein besseres Verständnis der förderlichen und hinderlichen Faktoren von HoL Unternehmen helfen kann, ihre betriebliche Gesundheitsförderung zu verbessern, ist es wichtig, zu verstehen, welche Einflussfaktoren HoL erleichtern oder behindern (Arnold und Rigotti 2020b, 2023; Klebe et al. 2022a; Krick et al. 2022a). Einflussfaktoren von HoL können auf unterschiedlichen Ebenen betrachtet werden: (1) Arbeitsplatzebene, (2) organisationale Ebene und (3) individuelle Ebene (Krick et al. 2022a). Auch (4) der Kontext kann eine wichtige Rolle für HoL spielen. Im Folgenden werden bisherige Befunde zu den Einflussfaktoren von HoL auf unterschiedlichen Ebenen vorgestellt.

3.4.4.4.1 Arbeitsplatzebene

Basierend auf dem etablierten „Job Demands-Resources (JD-R)-Modell" (Bakker und Demerouti 2007), das zwischen Anforderungen und Ressourcen unterscheidet, um Arbeitserleben und -verhalten zu erklären, und der „Conservation of Resources-Theorie" (Hobfoll et al. 2018; Hobfoll 2012) untersuchten mehrere Studien Arbeitsbedingungen als Einflussfaktoren von HoL. Eine Studie von Arnold und Rigotti (2023) zeigte, dass Arbeitsressourcen positiv und Arbeitsanforderungen negativ mit der SelfCare von Führungskräften zusammenhängen. Die SelfCare der Führungskräfte wiederum führt zu mehr StaffCare, was wiederum zu einem höheren Arbeitsengagement der Mitarbeitenden führt. Sie fanden auch positive Zusammenhänge zwischen Arbeitsressourcen und StaffCare und negative Zusammenhänge zwischen Arbeitsanforderungen und StaffCare.

Diese Ergebnisse wurden durch eine andere Studie von Krick und Kollegen bestätigt (Krick et al. 2022a). Arbeitsbezogene Ressourcen wie soziale Unterstützung und Autonomie sind förderliche Bedingungen und ermöglichen SelfCare und StaffCare, während Arbeitsanforderungen wie Multitasking und ständige Erreichbarkeit hinderliche Faktoren darstellen. Pischel und Kollegen untersuchten in einer experimentellen Studie und einer Befragungsstudie die Autonomie der Führungskräfte als Einflussfaktor von StaffCare-„Achtsamkeit" (Pischel et al. 2022). Sie zeigen, dass Führungskräfte mit geringem Autonomie-Erleben eine geringere Wahrnehmung für Warnsignale bei ihren Beschäftigten aufweisen.

▶ Diese Ergebnisse deuten darauf hin, dass Führungskräfte, die insgesamt mehr Arbeitsressourcen und weniger Arbeitsanforderungen erleben, mehr SelfCare und StaffCare zeigen.

3.4.4.4.2 Organisationale Ebene

In einer weiteren Studie wurden auch Faktoren auf organisationaler Ebene wie High-Performance Work Practices (HPWPs) und gesundheitsorientierte Personalmanagementstrategien als Einflussfaktoren von SelfCare und StaffCare untersucht. HPWPs beschreiben eine Reihe von Human-Resource-Management-Praktiken, die die Leistung der Mitarbeitenden und damit des Unternehmens steigern sollen, indem sie auf die Fähigkeiten (Wissen, Fertigkeiten), die Motivation und die Möglichkeiten der Mitarbeitenden abzielen (Appelbaum et al. 2000).

Krick und Kollegen (2022a) fanden einen positiven Zusammenhang zwischen dem Einsatz solcher Praktiken und StaffCare und SelfCare. Sie zeigten auch, dass gesundheitsorientierte Personalmanagementstrategien, die sich auf die Gesundheit der Mitarbeitenden beziehen, eine positive Beziehung zu StaffCare und SelfCare aufweisen, was darauf hindeutet, dass ein allgemeines Klima oder eine Kultur der Sorge um die Gesundheit von Mitarbeitenden und Führungskräften eine Ressource für Führungskräfte darstellen kann, die ihnen hilft, sich mehr um sich selbst und die Mitarbeitenden zu kümmern (Krick et al. 2022a). Eine Studie von Kaluza et al. (2020) untersuchte das organisationale Gesundheitsklima als Einflussfaktor von StaffCare-„Achtsamkeit" und des StaffCare-„Verhaltens" und zeigte, dass die Wahrnehmung eines organisationalen Gesundheitsklimas durch die Führungskräfte positiv mit ihrer Gesundheitseinstellung (d. h. ihrem Gesundheitsbewusstsein) zusammenhängt, was wiederum positiv mit ihrem gesundheitsfördernden Führungsverhalten verbunden ist, das letztlich mit einem besseren Wohlbefinden der Mitarbeitenden einhergeht.

▶ Diese Ergebnisse deuten darauf hin, dass auch aufseiten der Organisation günstige Bedingungen wie ein positives Gesundheitsklima HoL im Sinne von SelfCare und StaffCare begünstigen können.

3.4.4.4.3 Individuelle Ebene

Studien untersuchten die eigene Belastung von Führungskräften als Einflussfaktor von HoL. Eine Studie von Köppe und Schütz (2019) zeigte, dass Führungskräfte, die erschöpft sind, weniger SelfCare-„Verhalten" berichten. Eine weitere Studie von Köppe et al. (2018) zeigte, dass die Erschöpfung von Führungskräften negativ mit dem „StaffCare-Verhalten" von Führungskräften zusammenhängt. Eine experimentelle Studie von Klebe und Kollegen (Klebe et al. 2022a) zeigte, dass es für Führungskräfte schwieriger ist, gesundheitsfördernd zu führen, wenn sie unter Stress stehen. Die Studie von Krick et al. (2022a) bestätigt diese Befunde und zeigt, dass das Stresserleben der Führungskräfte einen hinderlichen Einflussfaktor für die eigene SelfCare und StaffCare darstellt und die Wahrscheinlichkeit dafür verringert.

Die bereits erwähnte Studie von Pischel und Kollegen konzentrierte sich speziell auf Einflussfaktoren von „StaffCare-Achtsamkeit" und zeigte ebenfalls, dass Führungskräfte, die viel Stress erleben, weniger gut in der Lage sind, Warnsignale bei ihren Beschäftigten wahrzunehmen (Pischel et al. 2022).

▶ Diese Studien zeigen, dass es Führungskräften schwerer fällt, sich selbst und ihre Mitarbeitenden auf gesunde Weise zu führen, wenn sie gestresst sind.

3.4.4.4.4 Kontextebene

Verschiedene Studien untersuchten auch Kontextfaktoren von HoL. In der bereits erwähnten experimentellen Studie von Klebe et al. (2022a) konnte gezeigt werden, dass es für Führungskräfte schwieriger ist, in kritischen Situationen gesundheitsfördernd zu führen. Wenn Führungskräfte einer Krisensituation entgegenwirken müssen, nimmt StaffCare aufgrund mangelnder Ressourcen und Kapazitäten aufseiten der Führungskräfte ab. Besonders herausfordernd ist es für Führungskräfte, StaffCare zu zeigen, wenn sie in einer kritischen Situation zusätzlich belastet sind. Darüber hinaus untersuchten Klebe und Kollegen den Einfluss des Stressniveaus der Mitarbeitenden als kontextuellen Einflussfaktor auf StaffCare. Hier zeigte sich ein positiver Effekt auf StaffCare: Führungskräfte bemühen sich mehr um eine gesundheitsorientierte Führung, wenn sie wahrnehmen, dass ihre Mitarbeitenden stark belastet sind. Während Führungskräfte in kritischen Situationen und bei eigener hoher psychischer Belastung weniger StaffCare zeigen, berichten sie von mehr StaffCare, wenn sie merken, dass ihre Mitarbeitenden gestresst sind.

Die Tatsache, dass StaffCare in kritischen Situationen abnimmt, wurde auch in einer anderen Studie von Klebe und Kollegen im Zusammenhang mit der Coronapandemie bestätigt (Klebe et al. 2021b). Sie zeigten, dass die Schwere der Krise indirekt über StaffCare und SelfCare mit der Erschöpfung zusammenhängt: 1) Die Schwere der Krise hängt mit geringerer StaffCare zusammen, 2) die wiederum mit geringerer SelfCare der Mitarbeitenden zusammenhängt und 3) zu mehr Erschöpfung der Mitarbeitenden führt.

Die experimentelle Studie von Pischel et al. (2022) untersuchte die Klarheit der angezeigten Warnsignale bei den Mitarbeitenden als Einflussfaktor der „StaffCare-Achtsamkeit". Ihre Ergebnisse zeigen, dass Führungskräfte weniger in der Lage sind, Warnsignale und Anzeichen von Überlastung bei ihren Mitarbeitenden wahrzunehmen, wenn die Mitarbeitenden weniger klare Warnsignale zeigen.

▶ Auch Kontextfaktoren wie das Vorliegen einer Krise oder das Stressniveau der Mitarbeitenden haben Einfluss auf SelfCare und StaffCare.

3.4.4.5 HoL-Profile

Die meisten Studien zeigen einen positiven Zusammenhang zwischen SelfCare der Führungskraft und StaffCare (Pundt und Felfe 2017; Klug et al. 2022; Grimm et al. 2021; Arnold und Rigotti 2020b) sowie zwischen StaffCare und Mitarbeitenden-SelfCare (Pundt und Felfe 2017; Santa Maria et al. 2019; Klug et al. 2019; Klug et al. 2022; Franke et al. 2014; Horstmann 2018; Kaluza et al. 2021). Auch wenn die Zusammenhänge oft moderat bis hoch sind, sind sie nicht perfekt. SelfCare und StaffCare gehen nicht immer Hand in Hand, sondern können auch unterschiedlich ausgeprägt sein. Eine Studie von Klug et al. (2019) untersuchte daher, inwieweit unterschiedliche Konstellationen von HoL zu beobachten sind und wie diese mit der Gesundheit der Mitarbeitenden zusammenhängen. In ihrer Studie konnten insgesamt vier verschiedene Profile von HoL empirisch identifiziert und bestätigt werden:

Zwei konsistente Profile:

1. Konsistent positives Profil („high care"; konstant hohe SelfCare- und StaffCare-Werte)
2. Konsistent negatives Profil („low care"; konstant niedrige Werte von StaffCare und SelfCare)

Zwei inkonsistente Profile in Bezug auf Mitarbeitenden-SelfCare, SelfCare der Führungskraft und StaffCare:

3. Das „leader sacrifice"-Profil ist gekennzeichnet durch eine höhere StaffCare, aber eine vergleichsweise niedrige SelfCare der Führungskraft.
4. Das „follower sacrifice"-Profil ist durch eine höhere SelfCare der Führungskraft im Vergleich zur StaffCare gekennzeichnet.

Die Mitarbeitenden des „high care"-Profils berichteten im Vergleich zu den „low care"- und den beiden inkonsistenten Profilen die höchsten Gesundheitswerte. Das „follower sacrifice"-Profil zeigte eine höhere psychische Belastung der Mitarbeitenden als das „leader sacrifice"-Profil. Erwartungsgemäß war die psychische Belastung bei den Mitarbeitenden im sogenannten „low care"-Profil am höchsten.

> **Wichtig**
> Die Ergebnisse zeigen, dass nicht nur konsequent negatives Führungsverhalten die Gesundheit der Mitarbeitenden verschlechtern kann, sondern dass auch inkonsistentes Verhalten in Bezug auf StaffCare und SelfCare die psychische Gesundheit beeinträchtigen kann.
>
> Die Befundlage zu HoL hat mittlerweile stark zugenommen. Zahlreiche Studien zeigen die förderliche Wirkung von StaffCare und SelfCare und liefern Evidenz für die postulierten Wirkzusammenhänge und die Grundannahmen des Modells.

3.4.5 Wirksamkeit von Interventionen zu HoL

Zur Förderung gesundheitsorientierter Führung haben Forscher*innen und Praktiker*innen Führungsinterventionen entwickelt (Pischel et al. 2023; Krick et al. 2022b; Vonderlin et al. 2021), zum Beispiel den HoL-Prozess, eine Intervention auf Teamebene.

Der **HoL-Prozess** zielt darauf ab, alle relevanten Merkmale gesundheitsorientierter Führung als Status-quo-Bewertung für eine Führungskraft und das Team zu identifizieren. In einem Feedback-Prozess werden sich Führungskraft und Team ihrer Stärken und Schwächen in Bezug auf SelfCare und StaffCare bewusst und entwickeln Maßnahmen für eine bessere Gesundheitsförderung am Arbeitsplatz (Pischel et al. 2023). Dieser Prozess besteht aus neun systematischen Schritten:

1. Abstimmung mit der Geschäftsführung,
2. Informationsveranstaltung zu HoL für die Führungskräfte,
3. Vorgespräch mit der Führungskraft,
4. Kickoff-Veranstaltung mit dem Team und der Führungskraft,
5. Teilnahme an der Online-Befragung (HoL-Instrument; Team und Führungskraft),
6. Auswertung und Erstellung des HoL-Berichts (Führungskraft),
7. Coaching mit der Führungskraft,
8. Auswertungsworkshop für das Team mit der Führungskraft,
9. Follow-up-Workshop nach ca. 3 Monaten (Team und Führungskraft).

Der Prozess wird von einem Coach professionell begleitet und moderiert (Pischel et al. 2023; Krick et al. 2022b; Felfe et al. 2019). Die Evaluation des HoL-Prozesses ergab, dass die Führungskräfte und Teammitglieder mit den Umsetzungen der im Prozess identifizierten Handlungsschritte sehr zufrieden waren und der Prozess zur Verbesserung der Gesundheit beigetragen hat (Felfe et al. 2019; Felfe et al. 2017; Pischel et al. 2023).

▶ Der HoL-Prozess ist eine geeignete Anschlussmaßnahme nach der Durchführung des hier vorgestellten Trainings und einer ersten Sensibilisierung zum Thema gesunde Führung.

Es gibt mehrere Studien, die die Wirksamkeit von Interventionen zur Förderung von gesundheitsorientierter Führung untersucht haben. Stuber und Kollegen untersuchten die Wirksamkeit von HoL-Interventionen in einer systematischen Übersicht. Sie weisen nach, dass vier der sieben eingeschlossenen Studien eine signifikante Verbesserung der psychischen Gesundheit der Mitarbeitenden als Ergebnis der Führungsinterventionen zeigten. Keine der in Frage kommenden Studien zeigte einen negativen Effekt auf die psychische Gesundheit der Mitarbeitenden. Sie kamen zu dem Schluss, dass Führungsinterventionen mit reflektierenden und interaktiven Teilen in Gruppensettings über mehrere Seminartage hinweg die vielversprechendste Strategie zur Förderung der psychischen Gesundheit von Mitarbeitenden im Gesundheitswesen zu sein scheinen (Stuber et al. 2021). Eine weitere systematische Übersichtsarbeit von Dannheim und Kollegen zeigte ebenfalls signifikante Auswirkungen von gesundheitsorientierten Führungstrainings auf die Erschöpfung der Mitarbeitenden, den selbstberichteten Krankenstand, den arbeitsbedingten Krankenstand und die Arbeitszufriedenheit (Dannheim et al. 2021). Vonderlin und Kollegen entwickelten die achtsamkeits- und fähigkeitsbasierte HoL-Intervention und untersuchten ihre Wirksamkeit in einer quasiexperimentellen Multisite-Feldstudie mit Vorgesetzten- und Mitarbeiterbewertungen aus 12 deutschen Unternehmen (Vonderlin et al. 2021). Sie verglichen ihre Interventionsgruppe mit einer passiven Kontrollgruppe. Ihre Ergebnisse zeigten, dass die Führungskräfte, die an der HoL-Intervention teilgenommen hatten, einen signifikant größeren Rückgang der psychischen Belastung und Anstieg von SelfCare sowie StaffCare verzeichneten als die entsprechenden Kontrollgruppen. Sie zeigten auch, dass die Wirkung auf die psychische Belastung der Führungskräfte durch eine Zunahme ihrer SelfCare vermittelt und durch die Häufigkeit ihrer Achtsamkeitspraxis moderiert wurde.

▶ Insgesamt zeigen die bisherigen Evaluationen von Interventionen zu gesunder Führung positive Ergebnisse und belegen deren positiven Nutzen.

3.5 Führungsmotivation: Der Weg zu einer Führungskraft

Für die Übernahme einer Führungsaufgabe und den Führungserfolg sind nicht nur Kompetenzen wichtig. Die Motivation, eine Führungsaufgabe zu übernehmen, ist ebenfalls von Bedeutung. Nur wenn eine Person hinreichend motiviert ist, eine Führungsaufgabe zu übernehmen, kann sie vorhandene Rahmenbedingungen sowie Fähigkeiten und Kompetenzen nutzen und übernimmt eine Führungsrolle. Da eine Führungsmotivation auch speziell für gesundheitsorientierte Führung wichtig sein kann, ist im Training auch die Führungsmotivation ein wichtiges Thema.

Chan und Drasgow (2001) definieren Führungsmotivation als individuelles Merkmal. Dieses Merkmal bezieht sich auf Entscheidungen, die eigenen Führungskompetenzen auszubauen, Führungsrollen zu übernehmen und erfolgreich auszuführen. Es handelt sich dabei nicht um eine von Geburt an stabile Persönlichkeitseigenschaft, sondern die Führungsmotivation verändert sich – wie andere Motive auch – durch persönlichkeits- und berufsbezogene Aspekte wie etwa den Zugewinn an Führungserfahrung und die Vorbildwirkung anderer Führungskräfte. Felfe et al. (2012) unterscheiden in ihrem Modell drei Komponenten der Führungsmotivation: affektive, normative und kalkulative Führungsmotivation:

1. Das **affektive Führungsmotiv** umfasst die intrinsische Freude an der Übernahme von Führungsaufgaben (z. B. „Es gefällt mir, die Leitungsrolle zu übernehmen"). Perso-

nen mit einem hohen affektiven Führungsmotiv streben aus ihrem inneren Antrieb heraus danach, Führungsfunktionen zu übernehmen.
2. Beim **normativen Führungsmotiv** wird davon ausgegangen, dass eine Führungsverantwortung nur aufgrund von gesellschaftlichen Verpflichtungen oder Erwartungen übernommen wird (z. B. „Ich fühle mich verpflichtet, die Führung zu übernehmen, wenn ich darum gebeten werde"). Personen mit einer hohen Ausprägung im normativen Führungsmotiv übernehmen eine Leitungsposition, da sie sich aufgrund von Normen und Werten oder Erwartungen Dritter verpflichtet fühlen, dies zu tun (z. B. Familienunternehmen).
3. Das **kalkulative Führungsmotiv** ist von einem rationalen Nutzen einer Führungsposition geleitet, z. B. höheres Gehalt, Statuszugewinn und weitere Privilegien, die mit einem hierarchischen Aufstieg einhergehen (z. B. „Ich bin besonders dann bereit, die Gruppenleitung zu übernehmen, wenn es mir auch persönlich nutzt"). Personen mit einer hohen Ausprägung im kalkulativen Führungsmotiv befinden sich in einem Abwägungsprozess der Vor- und Nachteile einer Führungsaufgabe und überlegen sich im Vorfeld, ob der persönliche Nutzen gegenüber Aufwand und Kosten überwiegt.

Um die Führungsmotivation messbar zu machen und Ergebnisse und Erkenntnisse in der Praxis nutzen zu können, entwickelten Felfe et al. (2012) das *Hamburger Führungsmotivationsinventar (FüMo)*. Mittels des Instruments können die individuelle Motivstruktur, aber auch eventuell der Führung entgegenstehende Motivationshindernisse und Bedenken erfasst werden.

▶ Führungsmotivation beschreibt, inwieweit Führungskräfte motiviert sind, eine Führungsrolle einzunehmen. Für das hier vorgestellte Training wurde die Führungsmotivation, die bisher eher allgemein erfasst und betrachtet wurde, auf gesundheitsorientiertes Führen angewendet und angepasst. Mithilfe einer Selbstreflexion können die Teilnehmenden so ihrer eigenen Motivstruktur zu gesundheitsorientierter Führung näher auf die Spur kommen.

3.6 Gesundheitsverhalten

Da konkretes Verhalten ein wichtiger Bestandteil von gesundheitsorientierter Selbst- und Mitarbeiterführung ist, sollen im nächsten Abschnitt auch die theoretischen Grundlagen von Gesundheitsverhalten („health behavior") näher beleuchtet werden. Ein Gesundheitsverhalten ist eine Aktivität, ein Handlungsmuster oder eine Gewohnheit einer Person, unabhängig vom aktuellen Gesundheitszustand, mit dem Ziel, die Gesundheit zu schützen, zu erhalten, zu fördern und wiederherzustellen oder Krankheiten zu verhindern (Faltermaier 2018; Harris und Guten 1979). Unter Gesundheitsverhalten werden alle Verhaltensweisen von gesunden Personen verstanden, die die Wahrscheinlichkeit erhöhen, dass Krankheiten vermieden werden oder die Gesundheit erhalten wird (Faltermaier

2017, 2018). Der Begriff wird damit vielfach als Gegenbegriff zum Risikoverhalten verwendet, der alle Verhaltensweisen oder Gewohnheiten umfasst, die die Wahrscheinlichkeit erhöhen, eine Krankheit zu entwickeln.

Gesundheitsverhalten kann in unterschiedliche Bereiche unterteilt werden:

- Bewegung,
- Sucht,
- Ernährung und
- Stressprävention (Entspannung, Erholung).

Klassisch ist Gesundheitsverhalten etwas, was außerhalb des Arbeitskontextes betrachtet wurde. Bezieht man jedoch beim Gesundheitsverhalten auch den Arbeitskontext mit ein, wie es bei SelfCare Verhalten der Fall ist, so sollte auch die Schaffung von gesundheitsförderlichen Arbeitsbedingungen als ein wesentliches Gesundheitsverhalten gezählt werden. Hier wird dann auch gleichzeitig mit Bewegung, Sucht, Ernährung und Stressmanagement der Verhaltensprävention Rechnung getragen und mit der Berücksichtigung der Arbeitsbedingungen bzw. der Schaffung von gesunden Arbeitsbedingungen gleichzeitig der Aspekt der Verhältnisprävention integriert.

Es gibt zahlreiche theoretische Modelle, die zur Vorhersage von Gesundheitsverhalten entwickelt wurden. Diese Theorien beschreiben und erklären, wie und warum Personen Risikoverhaltensweisen aufgeben und Gesundheitsverhaltensweisen zeigen.

Zentrale Theorien in diesem Bereich sind:

- die Theorie des geplanten Verhaltens (TPB; Ajzen 1991),
- die sozial-kognitive Theorie (SCT; Bandura 2004),
- das Modell der Gesundheitsüberzeugungen (Health Belief Modell; HBM; Becker 1974),
- das Rubikon-Modell (Heckhausen und Gollwitzer 1987; Heckhausen 1989) und
- der Health Action Process Approach (HAPA; Schwarzer 2016).

In Tab. 3.1 sind die Theorien und die zentralen Einflussfaktoren von (Gesundheits-)Verhalten im Überblick dargestellt.

Die meisten Theorien unterscheiden zwischen der Intention, also der Absicht, und dem konkreten Verhalten. Studien zeigen, dass eine Absicht nicht immer mit tatsächlichem Verhalten einhergeht und somit eine Lücke zwischen Absicht und Verhalten besteht (Sheeran 2002; Conner et al. 2007; Sheeran und Webb 2016). Dieses Phänomen zeigt sich auch im BGM-Bereich: Beschäftigte haben oft eine hohe Absicht und möchten gerne an Gesundheitsmaßnahmen teilnehmen, werden aber von unterschiedlichen Hindernissen und Hemmnissen von einer tatsächlichen Teilnahme abgehalten. Krick und Felfe (2020a) zeigten diese Absichts-Verhaltens-Lücke für den BGM-Bereich. In zwei Teilstudien ($N_1=269$, $N_2=503$) zeigten sie, dass 34 % bzw. 53 % eine hohe bis sehr hohe Teilnahmeabsicht angeben. Aber nur 14 % bzw. 20 % der Beschäftigten geben an,

3.6 Gesundheitsverhalten

Tab. 3.1 Überblick über Theorien zur Vorhersage von Gesundheitsverhalten

Theorie	Unterscheidung Absicht vs. Verhalten	Einflussfaktoren
Theorie des geplanten Verhaltens (TPB)	ja	• Einstellungen (positive und negative Evaluation des Verhaltens/Kosten-Nutzen-Analyse) • Subjektive Norm (Was denken andere?) • Wahrgenommene Verhaltenskontrolle/Selbstwirksamkeit
Sozial-kognitive Theorie (SCT)	ja	• Selbstwirksamkeitserwartung • Ergebniserwartungen (Kosten- und Nutzenerwartung) • Zielsetzung • Soziale Unterstützung
Modell der Gesundheitsüberzeugungen (HBM)	nein	• Wahrgenommene Bedrohung durch eine Krankheit (Vulnerabilität/Anfälligkeit und subjektiver Schweregrad der Erkrankung) • Wirksamkeit des Verhaltens (Kosten-Nutzen-Erwartung) • Selbstwirksamkeit • Durch interne oder externe Auslöser bewirkte Handlungsanstöße (wie z. B. eine Krankheit in der Familie, ein Gespräch mit dem Arzt bzw. der Ärztin oder ein Medienspot)
Rubikon-Modell	ja, zusätzlich in motivationale und volitionale Phasen unterteilt	• Prädezisionale Phase (motivational): Verschiedene konkurrierende Ziele (z. B. zum Sport oder ins Kino gehen) werden gegeneinander abgewogen, um Prioritäten aufgrund von Attraktivität und Realisierbarkeit zu setzen • Postdezisionale Phase (volitional): Eine Entscheidung für ein Ziel (z. B. Sport treiben) wurde getroffen. Diese wird nun genauer geplant (z. B. wann, wo und wie sportlich aktiv zu sein) • Aktionale Phase (volitional): Die Handlung wird initiiert (z. B. in Form eines Sprungs ins Wasser). Es wird auf das effiziente Erreichen des Handlungsergebnisses fokussiert (z. B. 15 Bahnen zu schwimmen) • Postaktionale Phase: Die Handlung wird bewertet (z. B. nach dem Schwimmen mit sich zufrieden zu sein)
Health action process approach (HAPA)	ja, mit motivationalen Komponenten (Zielsetzung) und volitionalen Modellanteilen (postdezisionale Anteile wie z. B. Pläne)	• Risikowahrnehmung • Ergebniserwartungen (Kosten-Nutzen-Erwartung) • Selbstwirksamkeitserwartungen

regelmäßig an BGM teilzunehmen. Auch die Mittelwerte (Teilstudie 1: $M_{\text{Intention}} = 2{,}76 > M_{\text{Teilnahme}} = 1{,}69$; Teilstudie 2: $M_{\text{Intention}} = 2{,}81 > M_{\text{Teilnahme}} = 2{,}25$) zeigen, dass die Absicht/Intention weitaus höher ist als die tatsächliche Teilnahme. Zusätzlich zeigen die Ergebnisse, dass nur zwischen 24 % und 33 % der Beschäftigten ihre hohen Absichten in eine häufige Teilnahme umsetzen konnten. Eine weitere Studie untersuchte zusätzlich hinderliche und förderliche Faktoren für die Umsetzung der Absicht in die tatsächliche Teilnahme an BGF-Maßnahmen. Krick et al. (2019) fanden, dass SelfCare und die eigene Teilnahme der Führungskraft an BGF-Maßnahmen (im Sinne einer Vorbildwirkung) wesentliche Einflussfaktoren sind, um die Umsetzung der Absicht in eine tatsächliche Teilnahme an BGM zu erleichtern.

Zusätzlich helfen Zielsetzungen, d. h. die konkrete Ausformulierung von Absichten und Zielen, sowie konkrete Umsetzungsstrategien für eine leichtere Umsetzung der Absicht in konkretes Verhalten. Dies wird auch in dem hier vorgestellten Training berücksichtigt.

▶ Die Forschung zeigt, dass eine gesundheitsorientierte Selbstführung und die Vorbildwirkung der Führungskräfte wichtige Stellschrauben für die Teilnahme an BGF-Maßnahmen sein können.

3.7 Achtsamkeit und achtsamkeitsbasierte Stressreduktion

Achtsamkeit ist ein wesentlicher Bestandteil von gesundheitsorientierter Selbst- und Mitarbeiterführung. Achtsamkeit kann dabei auf unterschiedliche Weise definiert werden (Shahbaz und Parker 2021; Jamieson und Tuckey 2017). In der Literatur wird Achtsamkeit unterschiedlich als eine Eigenschaft, ein Bewusstseinszustand, eine Einstellung, eine Fähigkeit zur Selbstregulierung, eine Praxis oder Übung, eine metakognitive Fähigkeit oder als Intervention beschrieben (Bishop et al. 2004; Brown und Ryan 2003; Germer et al. 2005). Die am häufigsten verwendete Definition von Achtsamkeit stammt von Kabat-Zinn, der Achtsamkeit als ein „von Augenblick zu Augenblick bestehendes Gewahrsein" definiert, das „dadurch entsteht, dass man seine Aufmerksamkeit auf eine bestimmte Art und Weise richtet: absichtlich, auf den gegenwärtigen Augenblick und ohne Wertung der aufkommenden Erfahrungen" (wie Gedanken, Gefühle, Empfindungen, Handlungen oder die Umgebung; Kabat-Zinn 2003, S. 145). Mit anderen Worten: Achtsamkeit ist ein Bewusstseinszustand, der sich dadurch auszeichnet, dass die Aufmerksamkeit auf innere (z. B. Gefühle, Gedanken, Körperempfindungen) und äußere Erfahrungen (z. B. Geräusche, Gerüche) gerichtet ist, die im aktuellen Moment auftreten. Sie beinhaltet eine nicht wertende, offene und freundliche Haltung gegenüber dem gegenwärtigen Moment in einer neugierigen, akzeptierenden und mitfühlenden Weise (Kabat-Zinn et al. 1985; Baer 2003; Bishop et al. 2004; Brown und Ryan 2003; Cardaciotto et al. 2008). Die Haltung der Achtsamkeit beschreibt die Fähigkeit, sich des gegenwärtigen Augenblicks bewusst zu sein und innere und äußere Erfahrungen „einfach so" zu beobachten, wie sie auftreten, ohne sofort zu reagieren oder zu urteilen und ohne sich übermäßig mit Gedanken über die Vergangenheit oder die Zukunft zu beschäftigen (Brown und Ryan 2003).

Baer et al. (2006) unterscheiden fünf verschiedene Achtsamkeitsfähigkeiten:

1. Beobachten: die Fähigkeit, innere Erfahrungen wie Körperempfindungen, Gedanken oder Gefühle und äußere Erfahrungen wie Geräusche oder Gerüche wahrnehmen und beobachten zu können
2. Beschreiben: die Fähigkeit, diese Erfahrungen zu benennen
3. Bewusstes Handeln: sich der gegenwärtigen Aktivität und des Verhaltens bewusst sein
4. Nicht-Urteilen: die gegenwärtigen Erfahrungen nicht bewerten
5. Nicht-Reagieren: diese Erfahrungen akzeptieren, ohne direkt zu reagieren

Sie gehen davon aus, dass diese Fähigkeiten durch Achtsamkeitsübungen entwickelt werden können.

Die Art und Weise, direkt zu urteilen, automatisch zu reagieren und sich mit der Vergangenheit und der Zukunft zu beschäftigen, mit den Gedanken umherzuwandern oder all diese Erfahrungen zu unterdrücken, wird als **Autopilot-Modus** bezeichnet, bei dem sich Personen der aktuellen Handlungen, Gedanken und Gefühle nicht bewusst sind (Bargh und Chartrand 1999; Kang et al. 2013; Killingsworth und Gilbert 2010). Dieser „Autopilot-Modus" oder auch „Aktionsmodus" ist das Gegenteil von Achtsamkeit. Man spricht bei der Achtsamkeit auch vom „Seins-Modus", der das Gegenteil zum Autopilot-Modus ist.

Es gibt bereits viele Interventionen, die speziell darauf abzielen, die eigene Achtsamkeit zu fördern. Das „Mindfulness-Based Stress Reduction"-Programm (MBSR; deutsch: Achtsamkeitsbasierte Stressreduktion oder Stressbewältigung durch Achtsamkeit) ist das prominenteste Training in diesem Bereich. Dabei handelt es sich um ein Trainingskonzept, das über acht Wochen in einem Gruppensetting stattfindet. Achtsamkeit ist dabei das zentrale Werkzeug zur ressourcenorientierten Stressbewältigung. Das Konzept versucht, positive gesundheitliche Effekte von Meditation auf eine wenig esoterische und nicht religionsgebundene Art und Weise nutzbar zu machen. MBSR wurde von Kabat-Zinn entwickelt (deutsche Übersetzung: Kabat-Zinn 2011), vielfach adaptiert und stellt mittlerweile ein umfangreich evaluiertes Verfahren zur Stressreduktion dar. Das Gruppenprogramm umfasst acht wöchentlich stattfindende zwei- bis zweieinhalbstündige Termine, in denen Achtsamkeitsübungen gemeinsam durchgeführt und anschließend im Gruppengespräch reflektiert werden. Zu den typischen Achtsamkeitsübungen zählen die Rosinenübung, Gehmeditation, Sitzmeditation, Atemübung und Body Scan. Zusätzlich soll mittels einer CD täglich ca. 45 min geübt werden. Die erworbenen Fähigkeiten und Kenntnisse werden an einem „Tag der Achtsamkeit" vertieft und die Integration in den Alltag wird gezielt gefördert (Meibert et al. 2013). Mittlerweile gibt es viele Achtsamkeitsinterventionen, die speziell für den Arbeitskontext entwickelt und angepasst wurden. Beispiele sind hier die niedrigschwelligen Achtsamkeitstrainings von Hülsheger et al. (2015) oder Klatt et al. (2009) oder das Stärken- und Ressourcentraining von Krick et al. (2018).

▶ *Achtsamkeit* bedeutet, den gegenwärtigen Augenblick bewusst wahrzunehmen und zu erleben, ohne sich von Gedanken an Vergangenheit und Zukunft ablenken zu lassen. Es geht darum, sich Zeit für sich selbst zu nehmen, den eigenen Körper zu spüren, sich in innerer Ruhe und Selbstakzeptanz zu üben und den Geist sowie Gedanken einfach nur zu beobachten. Achtsamkeit bedeutet vom „Aktionsmodus" in den „Seins-Modus" umzuschalten: Für den Moment nichts tun zu müssen, sondern einfach nur zu sein (Kabat-Zinn 2011).

MBSR wurde vielfach evaluiert. Es liegen zahlreiche Metaanalysen vor, die einen Überblick über Befunde zur Wirksamkeit im Arbeitskontext geben (Bartlett et al. 2019; Shahbaz und Parker 2021; Jamieson und Tuckey 2017; Vonderlin et al. 2020b; Lomas et al. 2019). Die Metaanalysen zeigen die Wirksamkeit von MBSR im Arbeitskontext. Achtsamkeitsinterventionen haben förderliche Effekte auf Achtsamkeit, Gesundheit, Wohlbefinden, Empathie, Leistung und Arbeitszufriedenheit. Sie sind auch wirksam hinsichtlich einer Reduktion von Stresserleben, Burnout, Angsterleben, Depressionssymptomen sowie somatischen Beschwerden. Diese positiven Effekte wurden für eine Vielzahl von unterschiedlichen Arbeitskontexten gezeigt (Gesundheitssektor, Bildungssektor, Polizei, Militär, Industriesektor usw.).

Eine Studie von Krick und Felfe (2020c) zeigte speziell die Wirksamkeit eines achtsamkeitsbasierten Ressourcentrainings bei Polizeibeamt*innen. Sie belegten die Wirksamkeit sowohl anhand subjektiver Gesundheitsindikatoren (Achtsamkeit, Stresserleben, Gesundheitsbeschwerden usw.) als auch anhand objektiver Kriterien wie Herzrate und Herzratenvariabilität (weitere Befunde finden Sie hier: Krick und Felfe 2020b, 2020d, 2023; Krick et al. 2018, 2021).

Die Arbeitsgruppe um Ute Hülsheger konnte in Studien zur Anwendung von Achtsamkeit im organisationalen Kontext belegen, dass durch Achtsamkeit emotionale Erschöpfung reduziert, die Arbeitszufriedenheit gesteigert (Hülsheger et al. 2013) sowie die Schlafqualität verbessert werden kann (Hülsheger et al. 2015, 2014).

Auch zu Yoga, das einen Teil des MBSR-Programms darstellt, liegen vielversprechende Befunde vor. So verbessert Yoga die Resilienz gegenüber psychischen Problemen, wie etwa psychischen Folgen von chronischem Stress, und wirkt stressreduzierend (Della Valle et al. 2020; Zou et al. 2018; Kim 2014; Moszeik et al. 2022). Ergebnisse einer Metaanalyse zeigen, dass sich Yoga positiv auf die Gesundheit am Arbeitsplatz auswirkt, insbesondere auf den Abbau von Stress (Puerto Valencia et al. 2019).

▶ Insgesamt zeigt sich der Einsatz von Achtsamkeitsverfahren als wirksam zur Reduktion von Stress – vor allem auch im Arbeitskontext. Daher bieten sich die Konzepte sehr für Prävention und Gesundheitsförderung im Arbeitskontext an.

3.8 Zusammenfassung

In diesem Kapitel wurden die theoretischen Grundlagen des Trainings zu gesundheitsorientierter Führung vorgestellt. Vor allem wurden der Health-oriented-Leadership-Ansatz und wichtige Begrifflichkeiten wie Achtsamkeit, Gesundheitsverhalten, Betriebliches Gesundheitsmanagement und Führungsmotivation erklärt.

Der Health-oriented-Leadership-Ansatz von Pundt und Felfe (2017) unterscheidet zwischen gesundheitsorientierter Selbstführung (SelfCare) und gesundheitsorientierter Mitarbeiterführung (StaffCare). Diese umfassen jeweils die Aspekte Achtsamkeit (Wahrnehmen von Warnsignalen bei sich selbst und bei Mitarbeitenden), Wichtigkeit (Wichtigkeit der eigenen Gesundheit und der der Mitarbeitenden) und Verhalten (eigenes gesundheitsförderliches Verhalten bzw. konkretes Verhalten, um die Gesundheit der Mitarbeitenden zu fördern). Für das Training wurde auf die Achtsamkeitsdefinition von Kabat-Zinn (2003) und das Konzept der Achtsamkeitsfähigkeiten (Beobachten, Beschreiben, bewusstes Handeln, Nicht-Urteilen, Nicht-Reagieren) von Baer et al. (2006) zurückgegriffen. Achtsamkeit wird dabei als ein „von Augenblick zu Augenblick bestehendes Gewahrsein" definiert, das „dadurch entsteht, dass man seine Aufmerksamkeit auf eine bestimmte Art und Weise richtet: absichtlich, auf den gegenwärtigen Augenblick und ohne Wertung der aufkommenden Erfahrungen" (Kabat-Zinn 2003, S. 145). Übungen wurden an die bekannte Achtsamkeitsintervention MBSR angelehnt (Mindfulness-Based Stress Reduction; Kabat-Zinn 2011). Zentrale Theorien und Modelle zur Vorhersage von Gesundheitsverhalten helfen dabei, Stellhebel zu kennen, um Gesundheitsverhalten zu etablieren und aufrechtzuerhalten, und geben Hilfestellungen, wie gesundheitsgefährdendes Verhalten unterlassen werden kann. Auch die Führungsmotivation ist eine zentrale motivationale Grundlage für späteres Führungsverhalten. Führungsmotivation meint dabei die Motivation, eine Führungsrolle zu übernehmen. Um den Rahmen des Trainings und den Handlungsrahmen des Führungshandelns besser einschätzen zu können, werden auch Grundlagen zu Betrieblichem Gesundheitsmanagement (BGM) dargestellt. BGM beschreibt dabei die „systematische und strukturierte Entwicklung bzw. Schaffung, Planung und Lenkung betrieblicher Strukturen und Prozesse, mit dem Ziel die Gesundheit der Beschäftigten zu erhalten und zu fördern" (Struhs-Wehr 2017).

Literatur

Ajzen I (1991) The theory of planned behavior. Organ Behav Hum Decis Process 50:179–211. https://doi.org/10.1016/0749-5978(91)90020-T

Appelbaum E, Bailey T, Berg P, Kalleberg AL (2000) Manufacturing advantage: Why high performance work systems pay off. Cornell Univ. Press, New York, Ithaca

Arnold M, Rigotti T (2020a) Is it getting better or worse? Health-oriented leadership and psychological capital as resources for sustained health in newcomers. Appl Psychol https://doi.org/10.1111/apps.12248

Arnold M, Rigotti T (2020b) The leader in the spotlight: health-oriented leadership and its antecedents and outcomes. Acad Manag Proc 2020:16724. https://doi.org/10.5465/AMBPP.2020.16724abstract

Arnold M, Rigotti T (2023) How's the boss? Integration of the health-oriented leadership concept into the job demands-resources theory. JMP. https://doi.org/10.1108/JMP-01-2023-0030

Badura B, Ducki A, Schröder H, Meyer M (Hrsg) (2021) Fehlzeiten-Report 2021; Betriebliche Prävention stärken – Lehren aus der Pandemie. Springer, Berlin

Baer RA (2003) Mindfulness training as a clinical intervention: A conceptual and empirical review. Clin Psychol Sci Pract 10:125–143. https://doi.org/10.1093/clipsy/bpg015

Baer RA, Smith GT, Hopkins J, Krietemeyer J, Toney L (2006) Using self-report assessment methods to explore facets of mindfulness. Assessment 13:27–45. https://doi.org/10.1177/1073191105283504

Bakker AB, Demerouti E (2007) The job demands-resources model: state of the art. J Manag Psychol 22:309–328. https://doi.org/10.1108/02683940710733115

Bakker AB, Schaufeli WB (2000) Burnout contagion processes among teachers. J Appl Soc Psychol 30:2289–2308. https://doi.org/10.1111/j.1559-1816.2000.tb02437.x

Bamberg E, Ducki A, Metz A-M (Hrsg) (2011) Gesundheitsförderung und Gesundheitsmanagement in der Arbeitswelt. Ein Handbuch. Hogrefe, Göttingen

Bandura A (2004) Health promotion by social cognitive means. Health Educ Behav 31:143–164. https://doi.org/10.1177/1090198104263660

Bargh JA, Chartrand TL (1999) The unbearable automaticity of being. Am Psychol 54:462–479. https://doi.org/10.1037/0003-066X.54.7.462

Bartlett L, Martin A, Neil AL, Memish K, Otahal P, Kilpatrick M, Sanderson K (2019) A systematic review and meta-analysis of workplace mindfulness training randomized controlled trials. J Occup Health Psychol 24:108–126. https://doi.org/10.1037/ocp0000146

Becker MH (1974) The health belief model and personal health behavior. Health Educ Monogr 2:324–508

Becker E, Krause C, Siegemund B (2014) Betriebliches Gesundheitsmanagement nach DIN SPEC 91020: Erläuterungen zur Spezifikation für denAnwender (1 Aufl). Beuth. https://ebookcentral.proquest.com/lib/kxp/detail.action?docID=2033173

Beermann B, Backhaus N, Hünefeld L, Janda V, Schmitt-Howe B, Sommer S (2020) Veränderungen in der Arbeitswelt – Reflexion des Arbeitsschutzsystems. BAuA, Dortmund

Bishop SR, Lau MA, Shapiro SL, Carlson LE, Anderson ND, Carmody J, Segal ZV, Abbey S, Speca M, Velting D, Devins G (2004) Mindfulness: a proposed operational definition. Clin Psychol Sci Pract 11:230–241. https://doi.org/10.1093/clipsy/bph077

Brown KW, Ryan RM (2003) The benefits of being present: mindfulness and its role in psychological well-being. J Pers Soc Psychol 84:822–848

Bundesanstalt für Arbeitsschutz und Arbeitsmedizin (2020) Stressreport Deutschland 2019. Bundesanstalt für Arbeitsschutz und Arbeitsmedizin. https://www.baua.de/DE/Angebote/Publikationen/Berichte/Stressreport-2019.html?pk_campaign=DOI

Cardaciotto L, Herbert JD, Forman EM, Moitra E, Farrow V (2008) The assessment of present-moment awareness and acceptance: the Philadelphia Mindfulness Scale. Assessment 15:204–223. https://doi.org/10.1177/1073191107311467

Cavanaugh MA, Boswell WR, Roehling MV, Boudreau JW (2000) An empirical examination of self-reported work stress among U.S. managers. J Appl Psychol 85:65–74. https://doi.org/10.1037/0021-9010.85.1.65

Chan KY, Drasgow F (2001) Toward a theory of individual differences and leadership: understanding the motivation to lead. J Appl Psychol 86:481–498. https://doi.org/10.1037/0021-9010.86.3.481

Conner M, Rodgers W, Murray T (2007) Conscientiousness and the intention-behavior relationship: predicting exercise behavior. J Sport Exerc Psychol 29:518–533

Dannheim I, Ludwig-Walz H, Buyken AE, Grimm V, Kroke A (2021) Effectiveness of health-oriented leadership interventions for improving health and wellbeing of employees: a systematic review. J Public Health. https://doi.org/10.1007/s10389-021-01664-1

Della Valle E, Palermi S, Aloe I, Marcantonio R, Spera R, Montagnani S, Sirico F (2020) Effectiveness of workplace yoga interventions to reduce perceived stress in employees: a systematic review and meta-analysis. J Funct Morphol Kinesiol 5. https://doi.org/10.3390/jfmk5020033

Dormann C, Zapf D (1999) Social support, social stressors at work, and depressive symptoms: testing for main and moderating effects with structural equations in a three-wave longitudinal study. J Appl Psychol 84:874–884. https://doi.org/10.1037/0021-9010.84.6.874

Faltermaier T (2017) Gesundheitspsychologie. W. Kohlhammer, Stuttgart

Faltermaier T (2018) Gesundheitsverhalten, Krankheitsverhalten, Gesundheitshandeln. In: Bundeszentrale für gesundheitliche Aufklärung (Hrsg) Leitbegriffe der Gesundheitsförderung und Prävention, Glossar zu Konzepten, Strategien und Methoden, E-Book 2018. BZGA – Federal Centre for Health Education

Felfe J (2009) Mitarbeiterführung. Hogrefe, Göttingen, Bern, Wien

Felfe J, Elprana G, Gatzka L, Stiehl S (2012) FÜMO. Hamburger Führungsmotivationsinventar. Hogrefe, Göttingen

Felfe J, Pundt F, Krick A (2017) Gesundheitsförderliche Führung = Ressource für Beschäftigte – Belastung für Führungskräfte? In: Busch C, Ducki A, Dettmers J, Witt H (Hrsg) Der Wert der Arbeit. Festschrift zur Verabschiedung von Eva Bamberg. Rainer Hampp Verlag, Augsburg, München, S 241–255

Felfe J, Krick A, Ducki A (2019) Gesundheitsförderliche Führung erfolgreich umsetzen. In: Bergner S, Fleiß J, Gutschelhofer A (Hrsg) Wandel gestalten – Herausforderungen und Ergebnisse der empirischen Managementforschung. Grazer Universitätsverlag & Leykam, Graz, S 23–41

Franke F, Felfe J, Pundt A (2014) The impact of health-oriented leadership on follower health: development and test of a new instrument measuring health-promoting leadership. Z Pers 28:139–161

Germer CK, Siegel RD, Fulton PR (Hrsg) (2005) Mindfulness and psychotherapy. Guilford Press, New York

GKV-Spitzenverband. (2023). Leitfaden Prävention: Handlungsfelder und Kriterien nach § 20 Abs. 2 SGB V zur Umsetzung der §§ 20, 20a und 20b SGB V vom 21. Juni 2000 in der Fassung vom 4. Dezember 2023. GKV-Spitzenverband. https://www.gkv-spitzenverband.de/media/dokumente/krankenversicherung_1/praevention__selbsthilfe__beratung/praevention/praevention_leitfaden/2023-12_Leitfaden_Prävention_barrierefrei.pdf

Grimm LA, Bauer GF, Jenny GJ (2021) Is the health-awareness of leaders related to the working conditions, engagement, and exhaustion in their teams? A multi-level mediation study. BMC Public Health 21:1935. https://doi.org/10.1186/s12889-021-11985-1

Grobe TG, Braun A (2022) BARMER Gesundheitsreport 2022: Schriftenreihe zur Gesundheitsanalyse – Band 34. Barmer Institut für Gesundheitssystemforschung. https://www.bifg.de/media/dl/Reporte/Gesundheitsreporte/2022/barmer-gesundheitsreport-2022-bf.pdf. Zugegriffen: 29. Juni 2023

Harris DM, Guten S (1979) Health-protective behavior: an exploratory study. J Health Soc Behav 20:17–29. https://doi.org/10.2307/2136475

Hauff S, Felfe J, Klug K (2022) High-performance work practices, employee well-being, and supportive leadership: spillover mechanisms and boundary conditions between HRM and leadership behavior. Int J Hum Resour Manag 33:2109–2137. https://doi.org/10.1080/09585192.2020.1841819

Heckhausen H (1989) Motivation und Handeln. Springer, Berlin

Heckhausen H, Gollwitzer PM (1987) Thought contents and cognitive functioning in motivational versus volitional stats of mind. Motiv Emot 11:101–120

Hobfoll SE (2012) Conservation of resources theory: its implication for stress, health, and resilience. In: Folkman S (Hrsg) The Oxford Handbook of Stress, Health, and Coping. Oxford University Press, New York, S 127–147

Hobfoll SE, Halbesleben JRB, Neveu J-P, Westman M (2018) Conservation of resources in the organizational context: the reality of resources and their consequences. Annu Rev Organ Psych Organ Behav 5:103–128. https://doi.org/10.1146/annurev-orgpsych-032117-104640

Horstmann D (2018) Enhancing employee self-care. Eur J Health Psychol 25:96–106. https://doi.org/10.1027/2512-8442/a000014

Horstmann D, Remdisch S (2016) Gesundheitsorientierte Führung in der Altenpflege. Zeitschrift für Arbeits- und Organisationspsychologie 60:199–211. https://doi.org/10.1026/0932-4089/a000223

Hülsheger UR, Alberts HJEM, Feinholdt A, Lang JWB (2013) Benefits of mindfulness at work: the role of mindfulness in emotion regulation, emotional exhaustion, and job satisfaction. J Appl Psychol 98:310–325. https://doi.org/10.1037/a0031313

Hülsheger UR, Lang JWB, Depenbrock F, Fehrmann C, Zijlstra FRH, Alberts HJEM (2014) The power of presence: the role of mindfulness at work for daily levels and change trajectories of psychological detachment and sleep quality. J Appl Psychol 99:1113–1128. https://doi.org/10.1037/a0037702

Hülsheger UR, Feinholdt A, Nübold A (2015) A low-dose mindfulness intervention and recovery from work: effects on psychological detachment, sleep quality, and sleep duration. J Occup Organ Psychol 88:464–489. https://doi.org/10.1111/joop.12115

Hunziger A, Kesting M (2004) „Work-Life-Balance" von Führungskräften – Ergebnisse einer internationalen Befragung von Top-Managern 2002/2003. In: Badura B, Schellschmidt H, Vetter C (Hrsg) Fehlzeiten-Report 2003: Wettbewerbsfaktor Work-Life-Balance. Springer, Berlin, Heidelberg, S 75–87

Jamieson SD, Tuckey MR (2017) Mindfulness interventions in the workplace: a critique of the current state of the literature. J Occup Health Psychol 22:180–193. https://doi.org/10.1037/ocp0000048

Jiménez P, Winkler B, Bregenzer A (2017a) Developing sustainable workplaces with leadership: feedback about organizational working conditions to support leaders in health-promoting behavior. Sustainability 9:1944. https://doi.org/10.3390/su9111944

Jiménez P, Bregenzer A, Kallus KW, Fruhwirth B, Wagner-Hartl V (2017b) Enhancing resources at the workplace with health-promoting leadership. In J Environ Res Public Health 14. https://doi.org/10.3390/ijerph14101264

Kabat-Zinn J (2003) Mindfulness-based interventions in context: past, present, and future. Clin Psychol Sci Pract 10:144–156. https://doi.org/10.1093/clipsy/bpg016

Kabat-Zinn J (2011) Gesund durch Meditation; das vollständige Grundlagenwerk zu MBSR. Barth, München

Kabat-Zinn J, Lipworth L, Burney R (1985) The clinical use of mindfulness meditation for the self-regulation of chronic pain. J Behav Med 8:163–190. https://doi.org/10.1007/BF00845519

Kaluza AJ, Junker NM (2022) Caring for yourself and for others: team health climate and self-care explain the relationship between health-oriented leadership and exhaustion. J Manag Psychol 37:655–668. https://doi.org/10.1108/JMP-10-2021-0567

Kaluza AJ, Schuh SC, Kern M, Xin K, Dick R (2020) How do leaders' perceptions of organizational health climate shape employee exhaustion and engagement? Toward a cascading-effects model. Hum Resour Manage 59:359–377. https://doi.org/10.1002/hrm.22000

Kaluza AJ, Weber F, van Dick R, Junker NM (2021) When and how health-oriented leadership relates to employee well-being–the role of expectations, self-care, and LMX. J Appl Soc Psychol 51:404–424. https://doi.org/10.1111/jasp.12744

Kang Y, Gruber J, Gray JR (2013) Mindfulness and de-automatization. Emot Rev 5:192–201. https://doi.org/10.1177/1754073912451629

Khalid A, Murtaza G, Zafar A, Zafar MA, Saqib L, Mushtaq R (2012) Role of supportive leadership as a moderator between job stress and job performance. Inf Manag Bus Rev 4:487–495. https://doi.org/10.22610/imbr.v4i9.1004

Killingsworth MA, Gilbert DT (2010) A wandering mind is an unhappy mind. Science 330:932. https://doi.org/10.1126/science.1192439

Kim SD (2014) Effects of Yogic Exercises on Life Stress and Blood Glucose Levels in Nursing Students. J Phys Ther Sci 26:2003–2006. https://doi.org/10.1589/jpts.26.2003

Klamar A, Felfe J, Krick A, Röttger S, Renner K-H, Stein M (2018) Die Bedeutung von gesundheitsförderlicher Führung und Commitment für die Mitarbeitergesundheit [Significance of health-oriented leadership and commitment for employees' health]. Wehrmedizinische Monatsschrift 62

Klatt MD, Buckworth J, Malarkey WB (2009) Effects of low-dose mindfulness-based stress reduction (MBSR-ld) on working adults. Health Educ Behav 36:601–614. https://doi.org/10.1177/1090198108317627

Klebe L, Felfe J, Klug K (2021a) Healthy leadership in turbulent times: the effectiveness of health-oriented leadership in crisis. Br J Manag 32:1203–1218. https://doi.org/10.1111/1467-8551.12498

Klebe L, Klug K, Felfe J (2021b) The show must go on: the effects of crisis on health-oriented leadership and follower exhaustion during Covid-19 pandemic. Zeitschrift Arbeits Organisationspsychol 65:231–243. https://doi.org/10.1026/0932-4089/a000369

Klebe L, Felfe J, Klug K (2022a) Mission impossible? Effects of crisis, leader and follower strain on health-oriented leadership. Eur Manag J 40:384–392. https://doi.org/10.1016/j.emj.2021.07.001

Klebe L, Klug K, Felfe J (2022b) When your boss is under pressure: on the relationships between leadership inconsistency, leader and follower strain. Front Psychol 13:816258. https://doi.org/10.3389/fpsyg.2022.816258

Klug K, Felfe J, Krick A (2019) Caring for oneself or for others? How consistent and inconsistent profiles of health-oriented leadership are related to follower strain and health. Front Psychol 10:2456. https://doi.org/10.3389/fpsyg.2019.02456

Klug K, Felfe J, Krick A (2022) Does self-care make you a better leader? A multisource study linking leader self-care to health-oriented leadership, Employee self-care, and health. Int J Environ Res Public Health 19:6733. https://doi.org/10.3390/ijerph19116733

Knieps F, Pfaff H (2022) BKK Gesundheitsreport 2022: Pflegefall Pflege? MWV Medizinisch Wissenschaftliche Verlagsgesellschaft, Berlin

Knudsen HK, Ducharme LJ, Roman PM (2009) Turnover intention and emotional exhaustion "at the top": adapting the job demands-resources model to leaders of addiction treatment organizations. J Occup Health Psychol 14:84–95. https://doi.org/10.1037/a0013822

Köppe C, Schütz A (2019) Healthy leaders: core self-evaluations affect leaders' health behavior through reduced exhaustion. Front Psychol 10:998. https://doi.org/10.3389/fpsyg.2019.00998

Köppe C, Kammerhoff J, Schütz A (2018) Leader-follower crossover – exhaustion predicts somatic complaints via staffcare behavior. J Manag Psychol 33:297–310

Krick A, Felfe J (2023) Comparing the effectiveness of MBI and PMR in a military context. Mindfulness 15:80–99. 10.1007/s12671-023-02281-7

Krick A, Felfe J (2020a) Bedingungen für die Teilnahmeabsicht und Teilnahme an Angeboten des Betrieblichen Gesundheitsmanagements (BGM). In: Nettelnstroth W (Hrsg) Neue Erkenntnisse aus Wissenschaft und Praxis zur Polizeipsychologie. Verlag für Polizeiwissenschaft, Frankfurt a. M., S 111–121

Krick A, Felfe J (2020b) Die gesundheitsförderliche Selbstführungskompetenz – das Stärken- und Ressourcentraining. Organ Superv Coach 13:1–14. https://doi.org/10.1007/s11613-020-00637-9

Krick A, Felfe J (2020c) Who benefits from mindfulness? The moderating role of personality and social norms for the effectiveness on psychological and physiological outcomes among police officers. J Occup Health Psychol 25:99–112. https://doi.org/10.1037/ocp0000159

Krick A, Felfe J (2020d) Wirksamkeitsprüfung eines achtsamkeitsbasierten Ressourcentrainings bezüglich psychologischer und physiologischer Kriterien bei PolizeibeamtInnen. In: Trimpop R, Fischbach A, Seliger I, Lynnyk A, Kleineidam N, Große-Jäger A (Hrsg) 21. Workshop Psychologie der Arbeitssicherheit und Gesundheit Gewalt in der Arbeit verhüten und die Zukunft gesundheitsförderlich gestalten! Asanger Verlag, Kröning, S 295–298

Krick A, Felfe J (2022) Health-oriented Leadership in a Digital World: A Literature Review. In: Schulz D, Fay A, Schulz M, Matiaske W (Hrsg) dtec.bw-Beiträge der Helmut-Schmidt-Universität / Universität der Bundeswehr Hamburg – Forschungsaktivitäten im Zentrum für Digitalisierungs- und Technologieforschung der Bundeswehr dtec.bw. Helmut-Schmidt-Universität/ Universität der Bundeswehr, Hamburg, S 347–357

Krick A, Felfe J, Renner K-H (2018) Stärken- und Ressourcentraining [Strength and resource training]; Ein Gruppentraining zur Gesundheitsprävention am Arbeitsplatz [A group training for health prevention in the workplace]. Hogrefe, Göttingen

Krick A, Felfe J, Klug K (2019) Turning intention into participation in OHP courses? The moderating role of organizational, intrapersonal and interpersonal factors. J Occup Environ Med 61:779–799

Krick A, Felfe J, Klug K (2021) Building resilience: Trajectories of heart rate variability during a mindfulness-based intervention and the role of individual and social characteristics. Int J Stress Manag 28:220–231. https://doi.org/10.1037/str0000227

Krick A, Felfe J, Hauff S, Renner K-H (2022a) Facilitating health-oriented leadership from a leader's perspective: antecedents at the organizational, workplace, and individual level. Zeitschrift für Arbeits- und Organisationspsychologie 66:213–225. https://doi.org/10.1026/0932-4089/a000397

Krick A, Wunderlich I, Felfe J (2022b) Gesundheitsförderliche Führungskompetenz entwickeln. In: Michel A, Hoppe A (Hrsg) Handbuch Gesundheitsförderung bei der Arbeit. Interventionen für Individuen, Teams und Organisationen. Springer, Wiesbaden, S 213–231

Krick A, Felfe J, Pischel S (2022c) Health-oriented leadership as a job resource: can staff care buffer the effects of job demands on employee health and job satisfaction? J Manag Psychol 37:139–152. https://doi.org/10.1108/JMP-02-2021-0067

Li Y, Wang Z, Yang L-Q, Liu S (2016) The crossover of psychological distress from leaders to subordinates in teams: The role of abusive supervision, psychological capital, and team performance. J Occup Health Psychol 21:142–153. https://doi.org/10.1037/a0039960

Lomas T, Medina JC, Ivtzan I, Rupprecht S, Eiroa-Orosa FJ (2019) Mindfulness-based interventions in the workplace: an inclusive systematic review and meta-analysis of their impact upon wellbeing. J Posit Psychol 14:625–640. https://doi.org/10.1080/17439760.2018.1519588

Lück M, Hünefeld L, Brenscheidt S, Bödefeld M, Hünefeld A (2019) Grundauswertung der BIBB/BAuA-Erwerbstätigenbefragung 2018 (2 Aufl). Bundesanstalt für Arbeitsschutz und Arbeitsmedizin (BAuA), Dortmund

Lutz W, Stangier U, Maercker A, Petermann F (2012) Klinische Psychologie; Intervention und Beratung. Hogrefe, Göttingen

Meibert P, Michalak J, Heidenreich T (2013) Stressbewältigung durch Achtsamkeit: MBSR. In: Heidenreich T, Michalak J (Hrsg) Die »dritte Welle« der Verhaltenstherapie. Grundlagen und Praxis. Beltz, Weinheim, S 165–179

Montano D, Reeske A, Franke F, Hüffmeier J (2017) Leadership, followers' mental health and job performance in organizations; a comprehensive meta-analysis from an occupational health perspective. J Organ Behav 38:327–350. https://doi.org/10.1002/job.2124

Moszeik EN, von Oertzen T, Renner K-H (2022) Effectiveness of a short Yoga Nidra meditation on stress, sleep, and well-being in a large and diverse sample. Curr Psychol 41:5272–5286. https://doi.org/10.1007/s12144-020-01042-2

Nielsen K, Randall R, Yarker J, Brenner S-O (2008) The effects of transformational leadership on followers' perceived work characteristics and psychological well-being; a longitudinal study. Work Stress 22:16–32. https://doi.org/10.1080/02678370801979430

Pischel S, Felfe J (2022) „Should i tell my leader or not?" – Health-oriented leadership and stigma as antecedents of employees' mental health information disclosure intentions at work. J Occup Environ Med. https://doi.org/10.1097/JOM.0000000000002688

Pischel S, Felfe J, Krick A (2022) Health-oriented leadership: antecedents of leaders' awareness regarding warning signals of emerging depression and burnout. German J Hum Resour Manag Zeitschrift für Personalforschung:239700222211307. https://doi.org/10.1177/23970022221130754

Pischel S, Felfe J, Krick A, Pundt F (2023) Gesundheitsförderliche Führung diagnostizieren und umsetzen. In: Felfe J, van Dick R (Hrsg) Handbuch Mitarbeiterführung: Wirtschaftspsychologisches Praxiswissen für Fach- und Führungskräfte. Springer, Berlin, Heidelberg

Puerto Valencia LM, Weber A, Spegel H, Bögle R, Selmani A, Heinze S, Herr C (2019) Yoga in the workplace and health outcomes: a systematic review. Occup Med (Oxford, England) 69:195–203. https://doi.org/10.1093/occmed/kqz033

Pundt F, Felfe J (2017) HOL. An instrument to assess health-oriented leadership. Hogrefe, Göttingen

Rahnfeld M (2022) Kurzbericht zum aktuellen iga.Barometer Arbeiten im Jahr 2022. Initiative Gesundheit und Arbeit. https://www.iga-info.de/fileadmin/redakteur/Veroeffentlichungen/iga_Arbeitshilfe/Dokumente/iga.Arbeitshilfe_Arbeiten_2022_Bericht.pdf

Santa Maria A, Wolter C, Gusy B, Kleiber D, Renneberg B (2019) The impact of health-oriented leadership on police officers' physical health, burnout, depression and well-being. Policing A J Policy Pract 13:186–200. https://doi.org/10.1093/police/pay067

Santa Maria A, Wolter C, Gusy B, Kleiber D, Renneberg B (2021) Reducing work-related burnout among police officers: the impact of job rewards and health-oriented leadership. Police J Theory Pract Principl 94:406–421. https://doi.org/10.1177/0032258X20946805

Schwarzer R (2016) Health action process approach (HAPA) as a theoretical framework to understand behavior change. Actualid Psicol 30:119–130. https://doi.org/10.15517/ap.v30i121.23458

Shahbaz W, Parker J (2021) Workplace mindfulness: fundamental issues for research and practice. Labour Ind 31:172–179. https://doi.org/10.1080/10301763.2021.1878572

Sheeran P (2002) Intention—behavior relations: a conceptual and empirical review. Eur Rev Soc Psychol 12:1–36. https://doi.org/10.1080/14792772143000003

Sheeran P, Webb TL (2016) The Intention-behavior gap. Soc Pers Psychol Compass 10:503–518. https://doi.org/10.1111/spc3.12265

Struhs-Wehr K (2017) Betriebliches Gesundheitsmanagement und Führung: Gesundheitsorientierte Führung als Erfolgsfaktor im BGM. Springer, Wiesbaden

Stuber F, Seifried-Dübon T, Rieger MA, Gündel H, Ruhle S, Zipfel S, Junne F (2021) The effectiveness of health-oriented leadership interventions for the improvement of mental health of employees in the health care sector: a systematic review. Int Arch Occup Environ Health 94:203–220. https://doi.org/10.1007/s00420-020-01583-w

Techniker Krankenkasse (2016) Entspann dich, Deutschland – TK-Stressstudie 2016. Techniker Krankenkasse. https://www.tk.de/resource/blob/2026630/9154e4c-71766c410dc859916aa798217/tk-stressstudie-2016-data.pdf

Techniker Krankenkasse (2021) Entspann dich, Deutschland - TK-Stressstudie 2021. Techniker Krankenkasse. https://www.tk.de/resource/blob/2116464/d16a9c0de0dc83509e9cf12a503609c0/2021-stressstudie-data.pdf

Techniker Krankenkasse (2022) Gesundheitsreport: Arbeitsunfähigkeiten. https://www.tk.de/resource/blob/2125010/da11bbb6e19aa012fde9723c8008e394/gesundheitsreport-au-2022-data.pdf. Zugegriffen: 29. Juni 2023

Uhle T, Treier M (2015) Betriebliches Gesundheitsmanagement; Gesundheitsförderung in der Arbeitswelt – Mitarbeiter einbinden, Prozesse gestalten, Erfolge messen. Springer, Berlin

Vonderlin R, Schmidt B, Müller G, Biermann M, Kleindienst N, Bohus M, Lyssenko L (2020a) Health-oriented leadership and mental health from supervisor and employee perspectives: a multilevel and multisource approach. Front Psychol 11:614803. https://doi.org/10.3389/fpsyg.2020.614803

Vonderlin R, Biermann M, Bohus M, Lyssenko L (2020b) Mindfulness-based programs in the workplace: a meta-analysis of randomized controlled trials. Mindfulness 56:721. https://doi.org/10.1007/s12671-020-01328-3

Vonderlin R, Müller G, Schmidt B, Biermann M, Kleindienst N, Bohus M, Lyssenko L (2021) Effectiveness of a mindfulness- and skill-based health-promoting leadership intervention on supervisor and employee levels: a quasi-experimental multisite field study. J Occup Health Psychol 26:613–628. https://doi.org/10.1037/ocp0000301

Wegge J, Shemla M, Haslam SA (2014) Leader behavior as a determinant of health at work: specification and evidence of five key pathways. German J Hum Resour Manag Zeitschrift für Personalforschung 28:6–23. https://doi.org/10.1177/239700221402800102

Wilde B, Dunkel W, Hinrichs S, Menz W (2010) Gesundheit als Führungsaufgabe in ergebnisorientiert gesteuerten Arbeitssystemen. In: Badura B, Klose J, Macco K, Schröder H (Hrsg) Fehlzeiten-Report 2009: Arbeit und Psyche: Belastungen reduzieren – Wohlbefinden fördern. Springer, Berlin, Heidelberg, S 147–155

Wirtz N, Rigotti T, Otto K, Loeb C (2017) What about the leader? Crossover of emotional exhaustion and work engagement from followers to leaders. J Occup Health Psychol 22:86–97. https://doi.org/10.1037/ocp0000024

Wittig P, Nöllenheidt C, Brenscheidt S (2013) Grundauswertung der BIBB/BAuA-Erwerbstätigenbefragung 2012 mit den Schwerpunkten Arbeitsbedingungen, Arbeitsbelastungen und gesundheitliche Beschwerden. Bundesanstalt für Arbeitsschutz und Arbeitsmedizin. http://www.baua.de/de/Publikationen/Fachbeitraege/Gd73.pdf?__blob=publicationFile&v=5

Yang T, Shen Y-M, Zhu M, Liu Y, Deng J, Chen Q, See L-C (2015) Effects of co-worker and supervisor support on job stress and presenteeism in an aging workforce: a structural equation modelling approach. Int J Environ Res Public Health 13:ijerph13010072. https://doi.org/10.3390/ijerph13010072

Zou L, Sasaki JE, Wei G-X, Huang T, Yeung AS, Neto OB, Chen KW, Hui SS (2018) Effects of mind–body exercises (Tai Chi/Yoga) on heart rate variability parameters and perceived stress: a systematic review with meta-analysis of randomized controlled trials. J Clin Med 7. https://doi.org/10.3390/jcm7110404

Konzeption des Trainings zur gesundheitsorientierten Führung

4

4.1 Was Sie in diesem Kapitel erfahren

In diesem Kapitel lernen Sie die Ziele des Trainings zur gesundheitsorientierten Führung kennen. Darüber hinaus werden der Aufbau, die Methoden und die Konzeption des Trainings dargestellt und beleuchtet, wie die theoretischen Grundlagen im Training eingebettet sind. In diesem Kapitel werden zusätzlich unterschiedliche Varianten des Trainings erläutert.

4.2 Ziele und Kernfragen des Trainings zur gesundheitsorientierten Führung

In den bisherigen Programmen zur Führungskräfteentwicklung spielt das Thema Gesundheit eher eine untergeordnete Rolle (Felfe und Pundt 2014). Das Training zur gesundheitsorientierten Führung schließt diese Lücke. Als Grundlage und Ausgangspunkt dient das HoL-Konzept (Pundt und Felfe 2017; Franke et al. 2014).

Mit dem Training sollen drei Ziele verfolgt werden:

1. Vermittlung von Kenntnissen zu gesundheitsorientierter Selbst- und Mitarbeiterführung, BGM und der Bedeutung für die Gesundheit,
2. Anregung zur Standortbestimmung und Reflexion eigener Stärken und Potenziale bezüglich gesundheitsorientierter Selbst- und Mitarbeiterführung und
3. Erarbeitung konkreter Handlungsoptionen zur Verbesserung von gesundheitsorientierter Selbst- und Mitarbeiterführung.

Tab. 4.1 Ziele und Kernfragen des Trainings

Ziele	Zentrale Kernfragen
1. Vermittlung von Kenntnissen zu gesundheitsorientierter Selbst- und Mitarbeiterführung, BGM und der Bedeutung für die Gesundheit	Was ist gesundheitsorientierte Selbst- und Mitarbeiterführung? Was ist Betriebliches Gesundheitsmanagement? Wie kann ich als Führungskraft die Gesundheit der Mitarbeitenden beeinflussen?
2. Anregung zur Standortbestimmung und Reflexion eigener Stärken und Potenziale bezüglich gesundheitsorientierter Selbst- und Mitarbeiterführung	Wie gut führe ich mich selbst gesundheitsorientiert? Wie gut führe ich meine Mitarbeitenden gesundheitsorientiert? Wann und wie bin ich ein gutes Vorbild? Wie motiviert bin ich, gesundheitsorientiert zu führen? Wie gut kenne ich mich im BGM-Bereich aus?
3. Erarbeitung konkreter Handlungsoptionen zur Verbesserung von gesundheitsorientierter Selbst- und Mitarbeiterführung	Was kann ich tun, um besser für mich selbst zu sorgen? Was kann ich tun, um besser für meine Mitarbeitenden zu sorgen? Wie kann ich ein (noch) besseres Vorbild sein?

Die Teilnehmenden lernen,

- wie gut ihnen gesundheitsorientierte Mitarbeiterführung gelingt und was sie verbessern können,
- mit welchen Möglichkeiten sie im Alltag ganz konkret gesundheitsorientiert handeln,
- welche Bedeutung und Reichweite ihre Vorbildwirkung hat,
- wie gut ihre gesundheitsorientierte Selbstführung gelingt und was sie verbessern können.

In Tab. 4.1 sind die Ziele und die dazugehörigen Kernfragen des Trainings abgebildet.

4.3 Konzeption des Trainings zur gesundheitsorientierten Führung

Die Konzeption für den Workshop besteht aus fünf Bausteinen:

1. Baustein „Warm up"
2. Baustein „Grundlagen"
3. Baustein „SelfCare"
4. Baustein „StaffCare"
5. Baustein „Cool down"

In Abb. 4.1 finden Sie einen Übersichtsplan über die fünf Bestandteile.

4.3 Konzeption des Trainings zur gesundheitsorientierten Führung

Abb. 4.1 Gesamtüberblick über die Bausteine des Trainings

In Tab. 4.2 ist ein Überblick über die Inhalte und zentralen Fragen jedes Bausteins abgebildet.

Im Nachfolgenden werden wir detaillierter auf einzelne Übungen eingehen und skizzieren, welche Methoden dabei zur Anwendung kommen und wie diese in Bezug auf die zugrunde liegenden theoretischen Ansätze und Verfahren aus Kapitel 3 einzuordnen sind.

In Baustein 2 „Grundlagen" lernen die Teilnehmenden die *vier Einflusswege* kennen, wie Führungskräfte die Mitarbeitergesundheit beeinflussen können. Diese beruhen auf den empirisch gezeigten Einflusswegen, die in Abschn. 3.3 vorgestellt wurden.

Weiterhin wird das *HoL-Konzept* vorgestellt, welches ein integratives, auf den vier Einflusswegen basierendes Konzept darstellt. Das HoL-Konzept ist in Abschn. 3.4 näher erläutert.

Das HoL-Konzept und *Betriebliches Gesundheitsmanagement* (*BGM,* Abschn. 3.2) sind eng miteinander verzahnt:

Die gesundheitsorientierte Selbst- und Mitarbeiterführung stellt nicht nur eine wichtige Stellschraube innerhalb von BGM dar, BGM ist auch ein wichtiger Bestandteil in der Konzeption von HoL. Denn die Ermutigung der Mitarbeitenden, an BGM-Maßnahmen teilzunehmen, ist ein wichtiger Teil von StaffCare und die eigene Teilnahme an BGM-Maßnahmen ein wesentlicher Teil von SelfCare. Um also eine gesundheitsorientierte Führungskraft zu sein, ist es wichtig, über BGM informiert zu sein und zu verstehen, wie das eigene Handlungsfeld innerhalb von BGM aussieht. Daher wird im Training das Grundlagenwissen für BGM vermittelt, um für StaffCare und SelfCare eine gute Handlungsgrundlage zu schaffen. Die Grundlagen zu BGM sind in Abschn. 3.2 genauer dargestellt.

In Baustein 3 „SelfCare" und Baustein 4 „StaffCare" finden jeweils Selbstreflexionen bzw. Selbstchecks zu SelfCare und StaffCare statt. Hier kommt eine Kurzversion des HoL-Instruments (Pundt und Felfe 2017) zum Einsatz (Abschn. 3.4.3). Im Training wird mit einer Selbstauswertung gearbeitet. Die Teilnehmenden werten ihre Ergebnisse aus und sehen diese in einem Profil dargestellt. In beiden Bausteinen werden jeweils die drei Subfacetten Wichtigkeit, Achtsamkeit und Verhalten erfasst und thematisiert

Tab. 4.2 Überblick über die Bausteine des Trainings

Inhalte/Methoden	Zentrale Fragen
Baustein 1: Warm up	
Begrüßung	Wer ist die Trainerin bzw. der Trainer?
Aufbau des Trainings	Was erwartet mich?
Ziele des Trainings	Was lerne ich?
Gruppenvereinbarungen	Was ist während des Trainings wichtig?
Trainingsleitgedanken	Welche Gedanken sollen uns während des Trainings begleiten?
Kennenlernen: Vorstellungsrunde	Wer sind die Teilnehmenden?
Baustein 2: Grundlagen	
Vier Einflusswege der Führungskraft auf die Mitarbeitergesundheit: 1. direkter Weg (Gestaltung von Beziehung und Kommunikation), 2. indirekter Weg (Gestaltung von Arbeitsbedingungen), 3. eigene Belastung der Führungskraft (Mangel an eigenen Ressourcen), 4. Vorbildwirkung (SelfCare als Führungskraft)	Auf welchen Wegen kann ich als Führungskraft Einfluss auf die Mitarbeitergesundheit nehmen?
Konzept der gesundheitsorientierten Führung	Was ist gesundheitsorientierte Selbst- und Mitarbeiterführung?
Betriebliches Gesundheitsmanagement	Was meint Betriebliches Gesundheitsmanagement?
Baustein 3: SelfCare	
Merkmale von SelfCare	Was genau ist SelfCare?
Selbstcheck SelfCare	Wie gut gelingt mir SelfCare?

Übung 1: Wichtigkeit: Meine Wertebilanz
Übung 2: Achtsamkeit
    a. Selbstreflexion
    b. Achtsamkeitsübung SelfScan
Übung 3: Gesundheitsverhalten
    a. Selbstreflexion
    b. Körperübungen
Übung 4: Vorbild sein
Übung 5: Crossover-Effekt
	Was kann ich besser machen? (Ansatzpunkte: Wichtigkeit, Achtsamkeit, Verhalten, Einflusswege: Vorbild und Übertragungsrisiko)

Baustein 4: StaffCare	
Merkmale von StaffCare	Was genau ist StaffCare?
Selbstcheck StaffCare	Wie gut gelingt mir StaffCare?

(Fortsetzung)

4.3 Konzeption des Trainings zur gesundheitsorientierten Führung

Tab. 4.2 (Fortsetzung)

Inhalte/Methoden	Zentrale Fragen
Übung 1: Wichtigkeit: Klärung der eigenen Motivation, warum sollte ich mich um die Gesundheit der Mitarbeitenden kümmern? Übung 2: Achtsamkeit: Erkennen von Warnsignalen Übung 3: Verhalten: Direkter und indirekter Weg Übung 4: Verhalten: Meine Rolle als Führungskraft im BGM (Selbstcheck: BGM-Führungskräfte-Typen) Übung 5: Verhalten: BGM und meine Mitarbeitenden (Motivierung der Mitarbeitenden zu BGM: Entwicklung von Handlungsmöglichkeiten anhand von konkreten Fallbeispielen)	Was kann ich besser machen? (Ansatzpunkte: Facette Wichtigkeit, Achtsamkeit, Verhalten: direkter und indirekter Einflussweg) Welcher BGM-Führungskräfte-Typ bin ich? Wie gelingt es mir, meine Mitarbeitenden zu BGM zu motivieren?
Baustein 5: Cool down	
Rückblick: Zusammenfassung über alle behandelten Themen	Was haben wir alles behandelt?
Übung 1: Formulierung konkreter Ziele, was die Teilnehmenden künftig in ihrem Führungsverhalten verändern wollen, um die Gesundheit der Beschäftigten aber auch die eigene Gesundheit besser zu fördern	Was möchte ich konkret umsetzen? Was nehme ich mir wann vor?
Übung 2: Mithilfe der Übung „Reise in die Zukunft" sollen die Teilnehmenden sich in die zukünftige Situation versetzen, die formulierten Ziele erreicht und umgesetzt zu haben. Zusätzlich sollen mögliche Schwierigkeiten und Lösungswege antizipiert werden	Was waren Ihre persönlichen Steps bis heute? Wie ist es gelungen? Was waren tägliche Hemmnisse und wie haben Sie diese reduziert?
Evaluation I	Allgemeine Bewertung des Trainings, Einschätzung des Nutzens einzelner Bausteine und Übungen und wahrgenommene Wirksamkeit des Trainings
Evaluation II und Abschlussrunde	Was hat mir gefallen? Was fand ich interessant? Welche Inhalte wären für Sie noch interessant? Was nehme ich persönlich mit?

(Abschn. 3.4.1). Insgesamt soll zunächst der Status quo reflektiert werden und dann auch Möglichkeiten entwickelt werden, sich zu verbessern. Hierzu gibt es für SelfCare und StaffCare je fünf Übungen. Diese adressieren sowohl die Subfacetten als auch die vier Einflusswege (Abschn. 3.3).

Im Baustein 3 „SelfCare" findet im Bereich „Wichtigkeit" eine Selbstreflexion zur eigenen *Werteorientierung* und ein anschließender Austausch statt. Die eigene Reflexion über die Wertigkeit der Gesundheit hilft, um eine Überprüfung der eigenen Werteorientierungen und Verhaltensausrichtung vorzunehmen.

Im Bereich der „Achtsamkeit" folgen eine Selbstreflexion zur *eigenen Achtsamkeit* und eine konkrete Achtsamkeitsübung. Das im Training verwendete Konzept der Achtsamkeit beruht auf dem Achtsamkeitsverständnis von Kabat-Zinn (2011). Grundlagen zur Achtsamkeit sind in Abschn. 3.7 dargestellt. Die Teilnehmenden lernen durch die Achtsamkeitsübung, wie sie sich mit dem jetzigen Moment verbinden können, anstatt von vergangenen Gedanken und Sorgen aus der Zukunft abgelenkt zu sein. Die Achtsamkeitsübung „SelfScan" berücksichtigt die Achtsamkeitsfähigkeiten nach Baer et al. (2006). Die Art der Instruktionen ist dabei an das klassische „Mindfulness-Based Stress Reduction (MBSR)"-Programm und das Stärken- und Ressourcentraining von Krick et al. (2018) angelehnt.

Im Bereich des *Verhaltens* werden auch die unterschiedlichen Bereiche des Gesundheitsverhaltens näher vorgestellt. Diese basieren auf den Bereichen des Gesundheitsverhaltens und sind in Abschn. 3.6 näher vorgestellt. Zusätzlich kommen Selbstreflexionen und konkrete Körperübungen zum Einsatz. Der Einsatz der Körperübungen hat die Funktion, nicht nur entspannend zu wirken, sondern auch körperlich zu aktivieren. Die Teilnehmenden lernen konkrete Übungen kennen, die sie für Bewegung und Ausgleich am Arbeitsplatz nutzen können. Die Übungen sind angelehnt an Übungen aus der Rückenschule und dem Yoga. Die Lockerungs- und Aktivierungsübungen spielen im Training eine ähnliche Rolle wie das Yoga (die achtsame Körperarbeit) im klassischen „Mindfulness-Based Stress Reduction (MBSR)-Programm" (Abschn. 3.7). Die Übungen helfen, Anspannung abzubauen, Verspannungen vorzubeugen und den Körper nach Anspannung wieder zu entspannen. Die Übungen sind gleichzeitig sinnvoll nutzbar für eine aktive Pausengestaltung. Mit den Übungen wird zur Halbzeit des Trainings zusätzlich eine gute Bedingung für eine weitere aktive Teilnahme am Training geschaffen. Alle Übungen sind jeweils so einfach gehalten, dass sie auch von Personen mit körperlichen Einschränkungen (Rücken- oder Gewichtsprobleme etc.) und auch ohne besondere körperliche Voraussetzungen durchgeführt werden können. Bei Zweifeln oder Erkrankungen sollten die Teilnehmenden vorsichtshalber ärztlichen Rat einholen.

Im Baustein 4 „StaffCare" wird neben den drei Aspekten Achtsamkeit, Wichtigkeit und Verhalten auch die Führungsmotivation (Felfe et al. 2012) behandelt. Hier wird Bezug genommen auf das Modell der Führungsmotivation (Abschn. 3.5). Im Training wird die Führungsmotivation speziell auf gesundheitsorientierte Führung angewendet. Hier geht es spezifisch um die Motivation, gesundheitsorientiert zu führen.

In Baustein 5 „Cool down" werden die Teilnehmenden gebeten, konkrete Ziele zu formulieren, was sie künftig umsetzen und verbessern möchten, um die Gesundheit der Beschäftigten, aber auch die eigene Gesundheit besser zu fördern. Hier wird auf die zuvor beschriebene Absichts-Verhaltens-Lücke (Sheeran 2002; Sheeran und Webb 2016) und die Gesundheitstheorien aus Abschn. 3.6 Bezug genommen. Wie das Rubikon-Modell zeigt, unterstützen vor allem konkrete Zielsetzungen und Umsetzungsstrategien die Absichtsbildung und die Umsetzung der Absicht in konkretes Verhalten (s. Rubikon-Modell; Heckhausen 1989; Heckhausen und Gollwitzer 1987). Um eine Umsetzung in tatsächliches Verhalten zu erleichtern, sind in dieser Übung die Annahmen des Rubikon-Modells berücksichtigt und bieten hier die theoretische Grundlage.

Nach dem HAPA (Schwarzer 2016) und vielen weiteren Gesundheitsmodellen (HBM; Becker 1974; SCT; Bandura 2004) ist für eine Absichtsbildung vor allem eine positive Kosten-Nutzen-Erwartung und Selbstwirksamkeitserwartung (Kompetenzerleben) zentral. Durch die Sensibilisierung für den Nutzen von gesundheitsorientierter Führung wird eine positive Kosten-Nutzen-Abwägung zugunsten einer gesundheitsorientierten Selbst- und Mitarbeiterführung unterstützt. Im gesamten Training wird das Kompetenz- und Selbstwirksamkeitserleben der Führungskräfte gefördert, um die Umsetzung einer gesundheitsorientierten Selbst- und Mitarbeiterführung zu unterstützen und zu erleichtern.

4.4 Methoden des Trainings zur gesundheitsorientierten Führung

Wir haben darauf geachtet, verschiedene Techniken und Methoden zu kombinieren, um das Training abwechslungsreich, interessant und so lebhaft wie möglich zu gestalten. Zum Einsatz kommt eine Kombination aus PowerPoint-Folien, Flipcharts, Einzelreflexionen anhand von Übungsblättern, Selbstchecks, Gruppenaustausch, Diskussionen und Gruppenarbeit, Videos sowie Aktivübungen. Weiterhin wurde bei der Zusammenstellung der Übungen und Themen und der Auswahl der Methoden darauf geachtet, dass das unmittelbare Erleben im Vordergrund steht. Studien haben gezeigt, dass die Möglichkeit des unmittelbaren Erlebens für die Nutzenbewertung eine wichtige Rolle spielt (Felfe et al. 2019b).

4.5 Trainingsvarianten

In der Konzeption besteht das Training aus fünf Bausteinen (Abschn. 4.3).

Da Bedürfnisse der Trainingsgruppen, Zweck des Trainings (ob Intensivtraining oder erste Sensibilisierung), zeitliche Anforderungen und Gegebenheiten vor Ort bei Unternehmen sehr unterschiedlich sein können, ist das Training zu gesundheitsorientierter Führung flexibel gestaltet. Die Bausteine können flexibel platziert werden, je nach Bedürfnis der Gruppe, Zweck des Trainings, zeitlichen Kapazitäten und Rahmenbedingungen im Unternehmen.

Die Bausteine können in kleinen Päckchen an unterschiedlichen Tagen (z. B. ein Baustein pro Woche, verteilt auf 5 Wochen), in einem oder mehreren Blöcken durchgeführt werden.

Der Zeitansatz kann jeweils ausgeweitet werden, um Themen intensiver behandeln zu können, oder komprimiert werden, wenn es nur um eine erste Sensibilisierung gehen soll. Für die Anpassung des Zeitansatzes sind im Kap. 5 verschiedene Schritte als optional gekennzeichnet. Hier werden für die Trainer*innen Kürzungs- bzw. Vertiefungsoptionen gegeben.

Folgende Varianten des Trainings sind möglich:

- 4 bis 5 Termine à 1,5 bis 2 h:
  - Bei 4 Terminen ist Folgendes empfehlenswert: Baustein 1 und 2 können gut kombiniert werden und an *Termin 1* stattfinden, Baustein 3 und 4 werden dann auf *Termin 2 und 3* verteilt. *Termin 4* beinhaltet Baustein 5 und bildet den Abschluss des Trainings.
  - Bei 5 Terminen gilt, dass alternativ auch ein Baustein pro Termin festgelegt werden kann.
  - Die Abstände zwischen den einzelnen Terminen können flexibel gewählt werden. Aus Erfahrung empfiehlt sich eine Woche Abstand, mindestens aber 2 Tage, damit die Teilnehmenden genug Zeit haben, die Trainingsinhalte zu verarbeiten. So kann das Training seine größte Wirksamkeit entfalten.
- **1-Tages-Workshop** (eher als Sensibilisierung geeignet): Das Training enthält verschiedene Übungen, die man mehr oder weniger intensiv bearbeiten und besprechen kann. Da die Menge der Übungen und Inhalte insgesamt den Zeitansatz für einen Tag übersteigen würde, wird empfohlen, die als „optional" gekennzeichneten Übungen als Hausaufgabe mitzugeben und diese Übungen online zur Verfügung zu stellen. Die Übungen gehen so nicht verloren und motivierte und interessierte Teilnehmende können diese Übungen von zuhause aus durchführen.
  - **1-Tages-Workshop plus ½ Tag Online-Workshop:** Hier können die „optional" gekennzeichneten Übungen in einem Vertiefungstermin online näher beleuchtet werden.
  - **2-Tages-Workshop:** Hierfür teilen Sie die Module auf zwei Tage im Block auf. Es wird empfohlen, den SelfCare-Baustein und den StaffCare-Baustein auf zwei unterschiedliche Tage zu legen.

Das Training ist eine gute Vorbereitung für einen anschließenden HoL-Prozess, bei dem die Führungskräfte ein Feedback ihrer Mitarbeitenden erhalten und gemeinsam im Team Verbesserungsmöglichkeiten entwickeln (Abschn. 3.4.5).

▶ Sie können für Ihre Teilnehmenden und die Bedürfnisse der Gruppe individuell unterschiedliche Schwerpunkte setzen und Übungen mehr oder weniger intensiv durchführen. Hierfür sind im Manual unterschiedliche Schritte von Übungen als „optional" gekennzeichnet. Diese Schritte von Übungen sind dazu gedacht, in einem Bereich noch tiefer einzusteigen.

4.6 Zusammenfassung

Insgesamt sollen mit dem Training wichtige Kenntnisse zu gesundheitsorientierter Selbst- und Mitarbeiterführung, Betrieblichem Gesundheitsmanagement (BGM) und der Bedeutung der Führungskraft für die Mitarbeitergesundheit vermittelt werden. Zudem wird eine Standortbestimmung und Reflexion eigener Stärken und Potenziale bezüglich gesundheitsorientierter Selbst- und Mitarbeiterführung ermöglicht und konkrete Handlungsoptionen zur Verbesserung angeboten. Das Training besteht dabei aus fünf Bausteinen (1. Baustein „Warm up", 2. Baustein „Grundlagen", 3. Baustein „SelfCare", 4. Baustein „StaffCare", 5. Baustein „Cool down").

Als theoretische Grundlage des Trainings zu gesundheitsorientierter Führung diente der Health-oriented-Leadership-Ansatz von Pundt und Felfe (2017). In den Übungen wurden jeweils für SelfCare und StaffCare auch die Subfacetten Achtsamkeit, Wichtigkeit und Verhalten sowie zentrale Einflusswege der Führungskräfte adressiert. Übungen zur Förderung der Achtsamkeit wurden an die bekannte Achtsamkeitsintervention MBSR (Mindfulness-Based Stress Reduction; Kabat-Zinn 2011) und das Stärken- und Ressourcentraining (Krick et al. 2018) angelehnt. Da konkretes (Gesundheits-)Verhalten ein wichtiger Bestandteil von gesundheitsorientierter Selbst- und Mitarbeiterführung ist und im Training gesundheitsförderliche Verhaltensweisen gefördert werden sollen, sind in die Trainingskonzeption auch theoretische Modelle zu Gesundheitsverhalten („health behavior") aus der Gesundheitspsychologie eingeflossen. Diese wurden herangezogen, um zu erklären, wie Gesundheitsverhalten entsteht bzw. behindert wird. Für das Training wurde zusätzlich die Führungsmotivation, die bisher eher allgemein erfasst und betrachtet wurde, auf gesundheitsorientiertes Führen angewendet und angepasst. Mithilfe einer Selbstreflexion können die Teilnehmenden so ihrer eigenen Motivstruktur zu gesundheitsorientierter Führung näher auf die Spur kommen. Insgesamt ist das Training in den Kontext des Betrieblichen Gesundheitsmanagements (BGM) eingebettet und das Health-oriented-Leadership-Konzept zudem eng mit BGM verzahnt. Daher sind auch die Grundlagen von BGM für das Training als Basiswissen für die Führungskräfte mit eingeflossen.

Im Training werden abwechslungsreiche Methoden verwendet und kombiniert (Kombination aus PowerPoint-Folien, Flipcharts, Einzelreflexionen anhand von Übungsblättern, Selbstchecks, Gruppenaustausch, Diskussionen und Gruppenarbeit, Videos, Anschauungsmaterial, Aktivübungen).

Zusätzlich gibt es unterschiedliche Varianten, wie das Training durchgeführt werden kann. Hierbei wurde auf eine ausreichende Flexibilität für die Trainer*innen geachtet, um den Bedürfnissen innerhalb der Unternehmen gerecht zu werden.

Literatur

Baer RA, Smith GT, Hopkins J, Krietemeyer J, Toney L (2006) Using self-report assessment methods to explore facets of mindfulness. Assessment 13:27–45. https://doi.org/10.1177/1073191105283504

Bandura A (2004) Health promotion by social cognitive means. Health Educ Behav 31:143–164. https://doi.org/10.1177/1090198104263660

Becker MH (1974) The health belief model and personal health behavior. Health Educ Monogr 2:324–508

Felfe J, Pundt F (2014) Führungskräftetrainings; Mit Arbeitsmaterialien und Fallbeispielen. Hogrefe, Göttingen

Felfe J, Elprana G, Gatzka L, Stiehl S (2012) FÜMO. Hamburger Führungsmotivationsinventar. Hogrefe, Göttingen

Felfe J, Krick A, Wunderlich I, Renner K-H (2019) Nicht-Teilnahme (Non Response) am Betrieblichen Gesundheitsmanagement (BGM) – Ursachen und Gegenmaßnahmen (Unveröffentlichter Projektbericht). Helmut-Schmidt-Universität/ Universität der Bundeswehr, Hamburg, Forschungsprojekt im Geschäftsbereich des Bundesministeriums der Verteidigung

Franke F, Felfe J, Pundt A (2014) The impact of health-oriented leadership on follower health: development and test of a new instrument measuring health-promoting leadership. Z Pers 28:139–161

Heckhausen H (1989) Motivation und Handeln. Springer, Berlin

Heckhausen H, Gollwitzer PM (1987) Thought contents and cognitive functioning in motivational versus volitional stats of mind. Motiv Emot 11:101–120

Kabat-Zinn J (2011) Gesund durch Meditation; das vollständige Grundlagenwerk zu MBSR. Barth, München

Krick A, Felfe J, Renner, K-H (2018) Stärken- und Ressourcentraining: Ein Gruppentraining zur Gesundheitsprävention am Arbeitsplatz. Hogrefe. https://doi.org/10.1026/02920-000

Pundt F, Felfe J (2017) HOL. An instrument to assess health-oriented leadership. Hogrefe, Göttingen

Schwarzer R (2016) Health action process approach (HAPA) as a theoretical framework to understand behavior change. Actualidades en Psicol 30:119–130. https://doi.org/10.15517/ap.v30i121.23458

Sheeran P (2002) Intention—behavior relations: a conceptual and empirical review. Eur Rev Soc Psychol 12:1–36. https://doi.org/10.1080/14792772143000003

Sheeran P, Webb TL (2016) The intention-behavior gap. Soc Pers Psychol Compass 10:503–518. https://doi.org/10.1111/spc3.12265

5. Anleitung zur Durchführung

5.1 Was Sie in diesem Kapitel erfahren

In diesem Kapitel erhalten Sie eine Übersicht über die einzelnen Bausteine des Trainings inklusive konkreter Anleitungen für Trainer*innen. Sie erfahren, wie die einzelnen Bausteine konkret inhaltlich und strukturell gestaltet sind, und erhalten Ablaufpläne für die einzelnen Bausteine. Sie erhalten ebenfalls eine Übersicht, welche Materialien jeweils genutzt werden können. Durch konkrete Anleitungen erhalten Sie ein Beispiel, wie die einzelnen Trainingsschritte in den Bausteinen umgesetzt werden können. Die Ablaufpläne und Anleitungen der einzelnen Bausteine finden Sie in den folgenden Abschn. 5.2 bis 5.6.

5.2 Baustein 1: „Warm up"

5.2.1 Übersicht

Im ersten Baustein liegt der Fokus darauf, den Teilnehmenden einen guten Einstieg in das Training zu ermöglichen.

In diesem Baustein werden durch die Vorstellungsrunde (erste Übung) erste Berührungen mit der Thematik Führung und Gesundheit geschaffen. Es werden Gruppenvereinbarungen getroffen, um eine gute Trainingsatmosphäre zu schaffen. Gleichzeitig soll durch Trainingsleitgedanken das richtige Mindset für das Training geschaffen werden.

In diesem Modul sollen die Teilnehmenden:

Tab. 5.1 Übersicht über Baustein 1: „Warm up"

Zielsetzung und Inhalte	Kernfragen
• Begrüßen und Kennenlernen der Teilnehmenden und erster Einstieg in das Thema Führung und Gesundheit • Die Teilnehmenden mit dem Trainingskonzept (Ablauf und Prinzipien) bekannt machen • Vereinbarung von Gruppenvereinbarungen • Bekanntmachen der Teilnehmenden mit Trainingsleitgedanken	• Wer ist die Trainerin bzw. der Trainer? • Was erwartet mich? • Was lerne ich? • Was ist während des Trainings wichtig? • Welche Gedanken sollen uns beim Training begleiten? • Wer sind die Teilnehmenden?
Dauer	**Varianten**
Ca. 45 min	Keine
Material	**Besondere Hinweise**
• PowerPoint-Präsentation: Abschnitt 1 [Baustein 1: Warm up]¹ • Flipchart 1: Herzlich willkommen • Flipchart 2: Überblick • Flipchart 3: Leitgedanken • Vorlage: Baustein 1: Warm up: Vorstellung („Führungssprüche") • Optional: Kreppband für Namensschilder	Damit sich Trainer*in und Teilnehmende gegenseitig beim Namen nennen können, sind Namensschilder sinnvoll. Legen Sie die Sprüche aus der Vorlage vor dem Termin in die Mitte in einen Kreis. Achten Sie darauf, dass die Zettel umgekehrt auf dem Boden liegen.

1. die Möglichkeit erhalten, den Trainer bzw. die Trainerin und sich gegenseitig kennenzulernen,
2. einen ersten Einstieg in den Bereich Führung und Gesundheit erhalten,
3. einen Überblick über Ablauf und Ziele des Trainings gewinnen und
4. erfahren, welche Trainingsleitgedanken sie im Training begleiten sollen.

In Tab. 5.1 ist eine Übersicht über Baustein 1 „Warm up" dargestellt.

5.2.2 Vorgehen

5.2.2.1 Begrüßung

Hierfür benötigen Sie die *Folien aus der PowerPoint-Präsentation aus Abschnitt 1, Teil „1.1 Begrüßung" (Die PowerPoint-Präsentation ist in unterschiedliche Trainingsabschnitte eingeteilt, die die Bausteine repräsentieren. Jeder PowerPoint-Abschnitt von*

---

[1] Die PowerPoint-Präsentation ist in unterschiedliche Trainingsabschnitte eingeteilt, die die Bausteine repräsentieren. Jeder Abschnitt von 1 bis 5 ist in einzelne Schritte bzw. Kapitel eingeteilt. Diese finden Sie in PowerPoint im Reiter „Ansicht" > Foliensortierung wieder. Die Einteilung der Folien hilft Ihnen zu wissen, wann welcher Folienteil zum Einsatz kommt.

1 von 5 ist wiederum in einzelne Schritte bzw. Kapitel eingeteilt. Diese finden Sie in PowerPoint im Reiter „Ansicht" > Foliensortierung wieder. Die Einteilung der Folien in einzelne Abschnitte hilft Ihnen zu wissen, wann welcher Folienteil zum Einsatz kommt).

Hängen Sie das *„Flipchart 1: Herzlich willkommen"* als Begrüßung für die Teilnehmenden auf. Bitten Sie die Teilnehmenden schon bei der Ankunft, sich ein Namensschild (Kreppband) zu schreiben und es sichtbar anzubringen. In den PowerPoint-Folien finden Sie die Möglichkeit, sich selbst vorzustellen. Fügen Sie gerne ein Bild von sich ein und ergänzen Sie Ihren Werdegang und Ihre Schwerpunkte, um sich vorzustellen. Wandeln Sie die Folien bei Bedarf gerne ab.

Begrüßen Sie die Teilnehmenden und erzählen Sie auch ein wenig zu Ihrem Hintergrund, damit die Teilnehmenden einen besseren Eindruck von Ihnen bekommen.

Hier finden Sie nun Vorschläge für mögliche Formulierungen. Diese können Ihnen als Anregung dienen. Wichtig ist dabei, dass Sie authentisch bleiben. Die Formulierungsvorschläge sind im Folgenden immer besonders hervorgehoben.

> **Beispiel**
>
> Herzlich willkommen zum Training für gesundheitsorientierte Führung! Schön, dass Sie gekommen sind!
> Ich möchte mich zunächst vorstellen: Mein Name ist ... und ich bin ... und werde mit Ihnen gemeinsam das Training durchführen. Ich mache dieses Training, weil ... (persönliche Motivation). ◄

5.2.2.2 Aufbau des Trainings

Hierfür benötigen Sie die *Folien aus der PowerPoint-Präsentation aus Abschnitt 1, Teil „1.2 Aufbau des Trainings"*.

Erklären Sie den Aufbau des Trainings anhand von *„Flipchart 2: Überblick"* und erläutern Sie die verschiedenen Bausteine des Trainings.

> **Beispiel**
>
> Bevor wir einsteigen und aktiv werden, möchte ich Ihnen einen Überblick darüber geben, was Sie im Training erwarten wird. Sie sehen, es wird ziemlich abwechslungsreich werden!
> Im ersten Baustein geht es um ein „Warm-up" und einen Einstieg. Wir sprechen über Gruppenvereinbarungen und die Trainingsleitgedanken. Wir werden dann einsteigen mit einer ganz besonderen Kennenlernrunde.
> Im zweiten Baustein werde ich mit Ihnen wichtige Grundlagen schaffen. Hier wird es darum gehen, die Möglichkeiten einer Führungskraft kennenzulernen, die Gesundheit der Mitarbeitenden beeinflussen zu können. Danach möchte ich mit Ihnen gerne über gesundheitsorientierte Führung sprechen. Sie erfahren, was es damit überhaupt auf sich hat. Im Anschluss wird es um das Thema Betriebliches Gesundheitsmanagement (kurz BGM) gehen, denn dieses bildet den Rahmen für gesundheitsorientierte Führung.

Im dritten Baustein wird es um die sogenannte SelfCare gehen, also wie Sie mit sich selbst und Ihrer Gesundheit umgehen. Dazu werden Sie die drei Kernfragen „Was ist das?", „Wie sieht das bei mir aus?" und „Was kann ich verbessern und wie?" begleiten. Vor allem wird es hier auch um die Vorbildfunktion gehen, die Sie als Führungskraft haben.

Der vierte Baustein dreht sich um StaffCare. Hier geht es um Ihre gesundheitsorientierte Mitarbeiterführung, also wie sie mit der Gesundheit Ihrer Mitarbeitenden umgehen. Auch hier wird es um die drei Kernfragen „Was ist das?", „Wie sieht das bei mir aus?" und „Was kann ich verbessern und wie?" gehen.

Im fünften und letzten Baustein folgt ein „Cool-down". Hier wird es um einen Rückblick, Transfer und die Evaluation des Trainings gehen. ◄

Erläutern Sie auch die Ziele des Trainings *(Folie „Ziele des Trainings")*.

Beispiel

In diesem Training erwarten Sie praktische und alltagsnahe Übungen, mit denen Sie Ihre gesundheitsorientierte Selbst- und Mitarbeiterführungskompetenz fördern können.
Was wollen wir mit diesem Training erreichen?
Sie können lernen,

- wie gut Ihnen gesundheitsorientierte Führung gelingt und was Sie verbessern können,
- mit welchen Möglichkeiten Sie im Alltag ganz konkret gesundheitsorientiert handeln,
- welche Bedeutung und Reichweite Ihre Vorbildwirkung hat,
- wie gut Ihre gesundheitsorientierte Selbstführung gelingt und was Sie verbessern können. ◄

5.2.2.3 Gruppenvereinbarungen

Hierfür benötigen Sie die *Folien aus der PowerPoint-Präsentation aus Abschnitt 1, Teil „1.3 Gruppenvereinbarungen"*.

Erläutern Sie die Gruppenregeln und holen Sie sich aktiv das „Go" der Teilnehmenden.

Beispiel

Bevor wir starten, sind mir noch einige Vereinbarungen wichtig. Wir sitzen nun hier mit vielen Leuten zusammen und reden über Dinge, die sonst meistens nicht besprochen werden. Die eigene Gesundheit und das Führungsverhalten sind sehr persönliche Themen. Aber gerade bei solchen Themen können Sie gegenseitig in der Gruppe voneinander profitieren, sich ergänzen und sich gegenseitig Anregungen geben. Es ist daher wichtig, neugierig und aufmerksam zuzuhören, was andere berichten.

Damit das gut gelingt, sind mir drei Vereinbarungen sehr wichtig:

Für eine gute Zusammenarbeit ist zunächst einmal wichtig, dass alles, was an persönlichen Dingen besprochen wird, hier im Raum bleibt und wir hier in einem vertraulichen Umfeld sind. Über die Trainingsinhalte können Sie selbstverständlich gerne sprechen. Das, was an persönlichen Dingen besprochen und gesagt wird, sollte hier in diesem Raum bleiben. Das gilt sowohl für mich als auch für jeden Einzelnen von Ihnen. Sind Sie damit einverstanden?

Außerdem ist ein wertschätzender und respektvoller Umgang miteinander wichtig, damit jede und jeder von Ihnen sich in der Gruppe so wohlfühlt, dass er/sie neue Dinge ausprobieren und vom Training etwas mitnehmen kann. Dafür gilt, dass es keine „dummen" Fragen gibt und dass offen über Probleme gesprochen werden kann. Es sollte hier jeder bzw. jede das äußern dürfen, was ihm oder ihr wichtig ist, ohne sich inkompetent oder gar ausgelacht zu fühlen. Wir können also gerne miteinander lachen, aber nicht übereinander.

Beachten Sie dabei, dass dieses Training kein „Seelenstriptease" sein soll. Jeder bzw. jede kann für sich selbst entscheiden, was er bzw. sie mit einbringt und was er bzw. sie lieber für sich behalten möchte.

Wie passt das für Sie? Was sollten wir noch vereinbaren, um erfolgreich zusammenzuarbeiten? ◄

5.2.2.4 Trainingsleitgedanken

Hierfür benötigen Sie die *Folien aus der PowerPoint-Präsentation aus Abschnitt 1, Teil „1.4 Trainingsleitgedanken"*.

Vermitteln Sie den Teilnehmenden anhand der Folien sowie *„Flipchart 3: Leitgedanken"* die zentralen Leitgedanken des Trainings. Das Flipchart lassen Sie während des Trainings immer sichtbar, damit die Teilnehmenden immer an die Trainingsleitgedanken erinnert werden.

Präsentieren Sie zuerst einen Ausschnitt des Wolkenbildes. Hier ist eine Gewitterwolke zu sehen. Fragen Sie die Teilnehmenden, was sie sehen.

Lassen Sie danach einen weiteren Teil des Bildes sichtbar werden. Fragen Sie erneut, was die Teilnehmenden sehen.

Beispiel

Im Training sollen Sie von Trainingsleitgedanken begleitet werden. Die möchte ich gerne mit Ihnen erarbeiten.

Ich habe ein Bild mitgebracht. Was sehen Sie hier?

…

Was sehen Sie denn jetzt? ◄

Lassen Sie nun das gesamte Bild sichtbar werden. Und fragen Sie, was die Teilnehmenden nun sehen.

> **Beispiel**
>
> Und nun? Was sehen Sie? Wer mag beschreiben, was er/sie sieht? ◄

Erläutern Sie anhand des Bildes und der einzelnen Ausschnitte bzw. Perspektiven, dass es immer auf den Betrachtungsrahmen ankommt. Leiten Sie dann zu den Trainingsleitgedanken über.

> **Beispiel**
>
> Was möchte ich Ihnen damit zeigen? Nun, es kommt immer auf die Perspektive an, die wir einnehmen. In Ihrem Alltag werden Sie merken, dass es teilweise gewittrig zugeht. Auch in Ihrer Rolle als Führungskraft ist es oft nicht einfach. Manchmal haben Sie vielleicht das Gefühl, nicht weiterzukommen oder, vor allem im Bereich Gesundheit, keinen Einfluss zu haben bzw. nichts machen zu können.
>
> - Hier möchte ich, dass Sie an unseren ersten Leitgedanken denken: „Wir arbeiten mit einem lösungsorientierten Mindset." Das heißt, dass ich Sie dazu ermutigen möchte, nicht pessimistisch zu sein, sondern die Perspektive zu ändern. Versuchen Sie lösungsorientiert zu denken. Auch wenn es nur kleine Dinge sind, die Sie in der Hand haben. Sie können dennoch etwas tun, auch wenn es nur kleine Schritte sind.
> - Zweitens ermutige ich Sie dazu, das Glas immer als halb voll zu betrachten. Im Training geht es darum, zu schauen, wo Ihre Stärken liegen, aber auch Verbesserungsmöglichkeiten abzuleiten. Verlieren Sie Ihre Stärken nicht aus dem Blick und versuchen Sie das Positive zu sehen.
> - Im dritten Trainingsleitgedanken ist mir wichtig, dass Sie sich vor Augen halten, dass nichts unmöglich ist. Hier ist mir wichtig, dass wir, vor allem wenn es um Verbesserungsmöglichkeiten geht, versuchen, kreativ zu sein.
>
> Diese drei Trainingsleitgedanken sollen Sie während des Trainings begleiten. Daher hänge ich sie hier auch sichtbar auf. ◄

5.2.2.5 Kennenlernen

Hierfür benötigen Sie die *Folien aus der PowerPoint-Präsentation aus Abschnitt 1 „Teil 1.5 Kennenlernen"* sowie das Material *„Führungssprüche"*.

Es folgt eine Kennenlernrunde, die bereits als erster Einstieg in die Thematik „Führung und Gesundheit" dient. In der Vorstellungsrunde bekommen die Teilnehmenden jeweils zwei Kärtchen, auf denen verschiedene Weisheiten rund um das Thema Führung stehen. Ziel dieser Vorstellungsrunde ist es, den Teilnehmenden anhand der Sprüche erste Anknüpfungspunkte zur Führung zu bieten und eine erste Auseinandersetzung mit ihrem eigenen Führungsverhalten anzustoßen. Jede*r Teilnehmende wird gebeten, einen Spruch auszuwählen, mit dem er oder sie sich am besten identifizieren kann und der eine

5.2 Baustein 1: „Warm up"

besondere Bedeutung für die Person hat. Die Kennenlernrunde besteht darin, dass die Teilnehmenden berichten, wer sie sind, was ihre Funktion ist, warum sie sich für ihren Spruch entschieden haben, was er für sie persönlich bedeutet und warum dieser interessant ist. Zusätzlich sollen sie kurz berichten, was ihre Erwartungen an das Training sind.

Drucken Sie für die Übung die „Vorlage 1: Baustein 1: Vorstellung" („Führungssprüche") aus und schneiden Sie die Sprüche auseinander, sodass ein Spruch auf jedem Papierstreifen steht. Legen Sie die einzelnen Sprüche vor (!) dem Termin in die Mitte in einen Kreis und achten Sie dabei darauf, dass die Zettel umgekehrt auf dem Boden liegen. Wenn es mehr als 12 Teilnehmende sind, empfiehlt es sich, die Vorlage zweimal auszudrucken, sodass ausreichend Sprüche vorhanden sind. Wenn ein Spruch von zwei Personen gleichzeitig ausgewählt wird, ist das unproblematisch, da hinter der Wahl meist völlig verschiedene Beweggründe und Überlegungen stehen. Sollte dieselbe Person zwei gleiche Sprüche ziehen, sollte nochmal getauscht werden.

Leiten Sie in die Vorstellungsrunde ein und bitten Sie die Teilnehmenden, sich zwei Kärtchen aus der Kreismitte zu holen. Warten Sie bitte, bis alle Teilnehmenden zwei Kärtchen aus der Kreismitte geholt haben und wieder Platz genommen haben. Instruieren Sie dann die ersten Schritte, indem Sie die Teilnehmenden bitten, die beiden Sprüche auf den Kärtchen durchzulesen und sich dann für denjenigen zu entscheiden, mit dem sie sich am ehesten identifizieren können und der für sie eine besondere Bedeutung hat. Lassen Sie den Teilnehmenden einen Moment Zeit, sich zu entscheiden. Danach bitten Sie alle Teilnehmenden, den Spruch nach links an den Nachbarn weiterzugeben, für den sie sich *nicht entschieden* haben. Die Teilnehmenden erhalten jeweils von ihrem Nachbarn einen neuen Spruch und haben die Möglichkeit, bei ihrem bisherigen Spruch zu bleiben oder sich nochmal neu zu entscheiden. Lassen Sie den Teilnehmenden einen Moment Zeit, sich zu entscheiden. Es kommt vor, dass der neue Spruch eventuell ein bisschen besser passt. Sobald alle Teilnehmenden wieder gewählt haben, gibt es die Option, die nicht gewählten Sprüche ein weiteres Mal nach links an den Nachbarn abgeben zu lassen oder nun mit der Vorstellungsrunde zu beginnen. Es ist empfehlenswert, vor der Vorstellungsrunde nachzufragen, ob jeder Teilnehmende einen Spruch gefunden hat, mit dem er zufrieden ist.

Für diejenigen Teilnehmenden, die keinen passenden Spruch gefunden haben, können Sie gerne das Angebot machen, sich aus dem Stapel in der Mitte andere Sprüche zu ziehen und nochmal zu schauen, ob dort der passende Spruch dabei ist.

Beispiel

Jetzt haben Sie erst einmal einen Überblick, mit was wir uns beschäftigen wollen. Zum Einstieg soll es darum gehen, uns kennenzulernen. Wir werden nicht irgendeine Kennenlernrunde machen, sondern eine besondere Runde. Dazu steigen wir direkt in die Thematik ein.

Ich habe verschiedene Zettel in die Mitte gelegt. Jeder von Ihnen nimmt sich nun zwei Zettel aus der Mitte. Auf diesen Zetteln sind kleine Sprüche. Lesen Sie sich die beiden Sprüche durch. Überlegen Sie, welcher Spruch am ehesten zu Ihnen passt. Mit welchem Spruch können Sie sich am ehesten identifizieren? Wählen Sie einen aus, denjenigen, den Sie nicht auswählen, legen Sie umgekehrt auf den Boden oder auf den Schoß.

Ist jeder fertig?

Jetzt gibt jeder den Zettel, *den er nicht wollte,* an seinen linken Nachbarn weiter. Lesen Sie den neuen Zettel und überlegen Sie, ob der neue Spruch für Sie eventuell besser passt. Was der eine nicht mag, ist vielleicht für den anderen genau das Richtige, dafür sind wir alle unterschiedlich. Wählen Sie erneut oder bleiben Sie bei Ihrem ursprünglichen Spruch?

Geben Sie noch einmal denjenigen Spruch nach links, für den Sie sich nicht entschieden haben.

Lesen Sie sich den neuen Spruch noch einmal durch und entscheiden Sie sich ein letztes Mal, welcher Spruch besser für Sie passt.

Hat jeder einen Satz gefunden?

Falls jemand noch unzufrieden mit seinem Satz ist, wäre es möglich, in dem Stapel in der Mitte nochmal zu schauen, ob dort etwas Passendes dabei ist.

Ist jeder so weit? ◀

Leiten Sie nun in die Vorstellungsrunde ein und erläutern Sie anhand der PowerPoint-Folien die Leitfragen für die Vorstellungsrunde.

Beispiel

Wenn Sie so weit sind und eine Karte ausgewählt haben, möchte ich Folgendes von Ihnen wissen:

- Wer sind Sie? Was ist Ihre Funktion?
- Warum habe ich mich für diesen Spruch entschieden?
- Was hat dieser Spruch für mich mit Führung und Gesundheit zu tun?
- Was ist an dem Spruch für mich interessant und wichtig?
- Welche Erwartungen habe ich an das Training?

Sind alle so weit? Dann lassen Sie uns starten! ◀

Fangen Sie bei einem Teilnehmenden an und machen Sie eine Runde. Wiederholen Sie vor der Vorstellungsrunde gerne nochmal die Fragen (Warum habe ich mich für diesen Spruch entschieden? Was hat dieser Spruch für mich mit Führung und Gesundheit zu tun? Was ist an dem Spruch für mich interessant und wichtig? Welche Erwartungen habe ich an das Training? Lassen Sie die Folie „Kennenlernen" offen sichtbar).

Fassen Sie am Ende gerne noch einmal die wichtigsten Punkte aus der Kennenlernrunde zusammen und nutzen Sie diese zur Überleitung. Verweisen Sie bitte darauf, dass während des Trainings verschiedene Möglichkeiten aufgezeigt werden, das eigene

Führungsverhalten zu reflektieren und Ansatzpunkte zu erhalten, ob und wie sie es verbessern können.

Weisen Sie darauf hin, dass die Teilnehmenden ihre Karte gerne mit nach Hause nehmen oder in ihre Trainingsmappe legen können.

> **Beispiel**
>
> Vielen Dank für die wertvollen Beiträge. Wir haben nun schon einen ersten Einblick bekommen, was Führung für Sie bedeutet.
>
> Ihren Zettel nehmen Sie gerne mit nach Hause und deponieren den Spruch vielleicht an einer Stelle, an der Sie öfter vorbeikommen. Wir werden Ihnen im Training verschiedene Möglichkeiten aufzeigen, wie Sie Ihrer gesundheitsorientierten Selbst- und Mitarbeiterführung auf die Spur kommen können, was Ihnen bereits gut gelingt und wo Sie vielleicht noch Ansatzpunkte zur Verbesserung haben. Deshalb möchte ich Sie einladen, die verschiedenen Trainingseinheiten auszuprobieren und nach Abschluss des Trainings für sich zu entscheiden, was davon für Sie persönlich hilfreich ist. ◄

Beenden Sie mit der Übersichtsfolie („Aufbau des Trainings") das Modul und leiten Sie in das nächste Modul über.

5.3 Baustein 2: „Grundlagen"

5.3.1 Übersicht

In diesem Baustein liegt der Fokus darauf, den Teilnehmenden das Grundlagenwissen zu vermitteln und sie für die Rolle der Führungskräfte in der Gesunderhaltung und Gesundheitsförderung der Mitarbeitenden zu sensibilisieren.

Hierzu erfolgt ein Einstieg in die möglichen Einflusswege von Führungskräften, wie sie die Gesundheit der Mitarbeitenden beeinflussen können. Basierend auf diesen Einflusswegen wird das HoL-Konzept abgeleitet und die Kernstücke des Konzepts erklärt. Im Anschluss folgt ein Einstieg in die wichtigsten Begrifflichkeiten von Betrieblichem Gesundheitsmanagement.

In Tab. 5.2 ist eine Übersicht über Baustein 2 „Grundlagen" dargestellt.

5.3.2 Vorgehen

5.3.2.1 Vier Einflusswege
Hierfür benötigen Sie die *Folien aus der PowerPoint-Präsentation aus Abschnitt 2 „Teil 2.1 Einflusswege"*.

Tab. 5.2 Übersicht über Baustein 2: „Grundlagen"

Zielsetzung und Inhalte	Kernfragen
• Einflusswege von Führungskräften für die Gesunderhaltung und Gesundheitsförderung der Mitarbeitenden • Grundlagen zum HoL-Konzept • Grundlagen zu BGM	• Auf welchen Wegen kann ich als Führungskraft Einfluss auf die Mitarbeitergesundheit nehmen? • Was ist gesundheitsorientierte Selbst- und Mitarbeiterführung? • Was meint Betriebliches Gesundheitsmanagement?
Dauer	**Varianten**
Ca. 60 min	Keine
Material	**Besondere Hinweise**
• PowerPoint-Präsentation: Abschnitt 2 [Baustein 2: Grundlagen][2] • Flipchart 4: Einflusswege der Führungskraft auf die Mitarbeitergesundheit I • Flipchart 5: Einflusswege der Führungskraft auf die Mitarbeitergesundheit II • Handout 1: Gesundheitsorientierte Führung: Alles auf einen Blick (Trainingsmappe)	Keine

Erläutern Sie den Teilnehmenden die vier Einflusswege von Führung auf Gesundheit. Hängen Sie parallel die beiden Flipcharts auf: *„Flipchart 4: Einflusswege der Führungskraft auf die Mitarbeitergesundheit I"* und *„Flipchart 5: Einflusswege der Führungskraft auf die Mitarbeitergesundheit II"*.

Optional:
Wenn genügend Zeit ist, regen Sie abschließend mithilfe folgender Fragen zu einem kurzen Erfahrungsaustausch an:

- Welche Einflusswege kommen Ihnen bekannt vor, wie passt das zu Ihren Erfahrungen?
- Was glauben Sie, welcher Weg häufig übersehen wird oder gar nicht so bewusst ist?

> **Beispiel**
>
> Im nächsten Baustein erwarten Sie wichtige Grundlagen. Ich möchte mit vier Wegen beginnen, über die Sie als Führungskraft die Gesundheit Ihrer Mitarbeitenden beeinflussen können.

---

[2] Die PowerPoint-Präsentation ist in unterschiedliche Trainingsabschnitte eingeteilt, die die Bausteine repräsentieren. Jeder Abschnitt von 1 bis 5 ist in einzelne Schritte bzw. Kapitel eingeteilt. Diese finden Sie in PowerPoint im Reiter „Ansicht" > Foliensortierung wieder. Die Einteilung der Folien hilft Ihnen zu wissen, wann welcher Folienteil zum Einsatz kommt.

5.3 Baustein 2: „Grundlagen"

Insgesamt wird oft die Rolle von Unternehmen und organisationaler Faktoren für die Gesunderhaltung der Beschäftigten unterschätzt. Einflussfaktoren werden meist eher in der genetischen Veranlagung, dem privaten Umfeld und persönlichem Lebensstil wie Bewegung und Ernährung gesehen. Eine gesundheitsförderliche Gestaltung der Arbeitsbedingungen und das Verhalten der Führungskraft sind jedoch auch erhebliche Einflussfaktoren für die Gesundheit am Arbeitsplatz.

Es lassen sich insgesamt unterschiedliche Wege finden, wie Führungskräfte die Gesundheit der Mitarbeitenden beeinflussen können.

1. Der erste Weg nennt sich der **direkte Einflussweg:** Führungskräfte können durch ihre Interaktion mit den Mitarbeitenden und ihr Verhalten und ihre Kommunikation gegenüber ihren Mitarbeitenden direkten Einfluss auf deren Gesundheit nehmen. Führungskräfte wirken zum Beispiel positiv auf die Gesundheit der Mitarbeitenden, indem sie im direkten Kontakt unterstützend, wertschätzend sind und Sinn vermitteln. So können Führungskräfte eine Ressource für die Mitarbeitenden darstellen und positiv auf das Wohlbefinden und die Gesundheit einwirken oder auch als Stressor wirken, z. B. durch abwertendes und distanziertes Verhalten, Bevormundung, Misstrauen, Kontrolle oder Missachtung. Durch solche Verhaltensweisen haben Führungskräfte einen negativen Einfluss auf die Mitarbeitergesundheit.
2. Führungskräfte wirken nicht nur über ihr Verhalten und die Kommunikation auf die Mitarbeitergesundheit, sondern auch indirekt, indem sie die Arbeitsbedingungen mitgestalten. Hier sprechen wir vom **indirekten Einflussweg.** Über die Gestaltung der Arbeitsbedingungen können Führungskräfte positiv oder negativ auf die Gesundheit der Beschäftigten wirken. Zur Gestaltung gesundheitsförderlicher Arbeitsbedingungen zählen zum Beispiel die Sicherstellung von gut ausgestatteten, ergonomischen Arbeitsplätzen (Sitzmöbel, Stehhilfen, Beleuchtung) und die Bereitstellung geeigneter Arbeitsmittel (Werkzeuge, Software), aber auch die Gestaltung der Arbeitsaufgaben und -inhalte wie z. B. klare Aufträge, Handlungs- und Entscheidungsspielräume sowie Zeitautonomie. Vor allem geht es darum, gesundheitliche Risiken und Belastungen am Arbeitsplatz zu reduzieren (z. B. Zeitdruck, Konkurrenz, Überforderung) und Ressourcen zur Stressbewältigung (z. B. Schaffung von Handlungsspielraum, Kompetenzen ausbauen) zu schaffen.
3. Der dritte Weg wird als **Crossover-Effekt** bezeichnet: Nicht nur Beschäftigte erleben Belastungen am Arbeitsplatz. Sie als Führungskräfte sind selbst erheblichen Stressoren am Arbeitsplatz ausgesetzt. Wie Studien belegen, erleben Führungskräfte häufig Unterbrechungen und Zeitdruck. Sie müssen Multitasking betreiben und eine hohe Arbeitsmenge bewältigen. Wenn Sie als Führungskräfte selbst enormem Stress ausgesetzt sind, besteht nicht nur das Risiko, dass Sie Ihrer eigenen Gesundheit schaden, sondern es besteht auch ein Risiko für Ihre Beschäftigten. Gestressten Führungskräften stehen weniger Ressourcen zur Verfügung, um eine

Unterstützung für die Beschäftigten zu sein. So kann ein Übertragungsrisiko entstehen, dass Sie aufgrund der eigenen Überlastung und des Stresses schneller gereizt reagieren und den Druck nach unten weitergeben.
4. Der letzte Weg ist der Weg über die **Vorbildfunktion**: Führungskräfte wirken nicht nur in Bezug auf die zu erbringende Leistung als Rollenmodelle und Vorbilder, sondern auch in Bezug auf die Gesundheit und ihr Gesundheitsverhalten. Im Arbeitskontext heißt das, dass Sie als Führungskräfte Ihre eigenen Beschäftigten dabei unterstützen und motivieren können, selbst auf die eigene Gesundheit zu achten und die Selbstverantwortung der Mitarbeitenden anzuregen, indem Sie als gutes Vorbild vorausgehen und sich selbst gesundheitsförderlich verhalten und Ihre Gesundheit nicht gefährden. Die Vorbildwirkung ist umso erfolgreicher, je authentischer Führungskräfte als Rollenvorbilder wahrgenommen werden.

Optional:

- Welche Einflusswege kommen Ihnen bekannt vor, wie passt das zu Ihren Erfahrungen?
- Was glauben Sie, welcher Weg häufig übersehen wird oder gar nicht so bewusst ist? ◄

5.3.2.2 Gesundheitsorientierte Führung: Was ist das?

Hierfür benötigen Sie die *Folien aus der PowerPoint-Präsentation aus Abschnitt 2 „Teil 2.2 Gesundheitsorientierte Führung HoL".*

Beschreiben Sie das Konzept der gesundheitsorientierten Führung und erläutern Sie die drei Ansatzpunkte.

> **Beispiel**
>
> Vielen Führungskräften sind nicht alle Einflusswege bewusst und diese werden daher oft nicht alle berücksichtigt bzw. genutzt. Um die verschiedenen Perspektiven, Einflusswege und Wirkmechanismen in ein Konzept zu integrieren, wurde der Ansatz Health-oriented Leadership (kurz HoL) entwickelt. Health-oriented Leadership steht für gesundheitsorientierte Führung. Das Konzept wurde von Franziska Pundt und Jörg Felfe entwickelt. Das HoL-Konzept stellt ein gesundheitsspezifisches Führungskonzept dar, welches speziell die Gesundheit in den Fokus der Führung rückt und beschreibt, was gesundheitsorientierte Führung ausmacht.
>
> Das HoL-Konzept setzt an drei Punkten an, die für gesundes Führen von Bedeutung sind: (1) SelfCare der Führungskraft, (2) SelfCare der Beschäftigten und (3) StaffCare der Führungskraft:

5.3 Baustein 2: „Grundlagen"

1. **SelfCare der Führungskraft** beschreibt die gesundheitsorientierte Selbstführung der Führungskraft und damit den Umgang der Führungskraft mit ihrer eigenen Gesundheit (Wie gehe ich selbst mit meiner Gesundheit als Führungskraft um?). Hier kommen vor allem der Einflussweg über die Vorbildwirkung und die Rolle der eigenen Belastung der Führungskraft (Crossover-Effekt) zum Tragen.
2. Unter **SelfCare der Beschäftigten** wird die gesundheitsorientierte Selbstführung der Beschäftigten verstanden. Sie beschreibt den Umgang der Beschäftigten mit ihrer eigenen Gesundheit (Wie gehe ich selbst mit meiner Gesundheit als Mitarbeitender um?). Die Eigenverantwortlichkeit der Mitarbeitenden ist damit wesentlicher Bestandteil von gesunder Führung.
3. Während SelfCare beschreibt, wie Beschäftigte und Führungskraft jeweils mit ihrer eigenen Gesundheit umgehen, geht es bei **StaffCare** um die gesundheitsorientierte Mitarbeiterführung und den Umgang der Führungskraft mit der Mitarbeitergesundheit. Hier steht die Frage im Mittelpunkt, wie die Führungskraft mit der Gesundheit der Beschäftigten umgeht.

Das Konzept setzt somit bei der Verantwortung der Führungskräfte an, berücksichtigt jedoch auch die Eigenverantwortung der Beschäftigten. ◄

Erläutern Sie danach anhand der nächsten Folie die Wirkzusammenhänge zwischen gesundheitsorientierter Selbst- und Mitarbeiterführung und gehen Sie dabei auf die Verbindung zu den vier Einflusswegen ein.

Optional (bei ausreichend Zeit):
Wenn genügend Zeit ist, regen Sie abschließend mithilfe folgender Fragen zu einem kurzen Erfahrungsaustausch an:

- Wie passt das HoL-Konzept zu dem, was Sie bisher über Führung wissen?
- Welche Besonderheiten erkennen Sie?

Beispiel

Jetzt möchte ich Ihnen gerne zeigen, wie das HoL-Modell konkret aussieht.

Das HoL-Modell geht davon aus, dass Führungskräfte und Mitarbeitende, die sich selbst gesundheitsorientiert führen können, selbst eine bessere Gesundheit haben (Pfad a und b). Eine hohe SelfCare geht demnach mit einer besseren Gesundheit einher.

Darüber hinaus wirkt sich StaffCare direkt positiv auf die Mitarbeitergesundheit aus (Pfad c). Mitarbeitende, die eine gesundheitsorientierte Führungskraft haben, also eine Führungskraft, die viel StaffCare zeigt, sind insgesamt gesünder.

StaffCare wirkt aber auch zusätzlich indirekt über die SelfCare der Mitarbeitenden auf die Mitarbeitergesundheit (Pfad e × b). Im Konzept von StaffCare sind die beiden direkten und indirekten Einflusswege integriert, nämlich Interaktion und Kommunikation und die Gestaltung der Arbeitsbedingungen.

Das Modell nimmt weiter an, dass SelfCare der Führungskraft auf zwei unterschiedlichen Wegen eine gesundheitsförderliche Wirkung entfalten kann. Zum einen kann eine hohe SelfCare der Führungskraft indirekt über die Förderung von SelfCare der Mitarbeitenden auf die Gesundheit der Mitarbeitenden wirken (Pfad f × b). Hier steckt ganz zentral der Weg der Vorbildwirkung drin. Denn Führungskräfte, die sich selbst gesundheitsorientiert führen, motivieren auch ihre Mitarbeitenden zu mehr SelfCare und damit zu mehr Eigenverantwortung (Pfad f).

Zum anderen kann SelfCare der Führungskraft zu mehr StaffCare führen und so zu einer verbesserten Gesundheit der Mitarbeitenden führen. Hier wird vom „Weg der verbesserten Führung" gesprochen (Pfad d × c). Führungskräfte, die sich gut um sich selbst kümmern (eine hohe SelfCare haben), sind eher in der Lage, sich um ihre Beschäftigten zu kümmern, und können so auch indirekt die Gesundheit fördern.

Auch der Crossover-Effekt ist im Modell mitberücksichtigt. Es wird angenommen, dass die Gesundheit der Führungskräfte direkt mit der Gesundheit der Beschäftigten zusammenhängt (Pfad g).

Optional (bei genügend Zeit):

- Wie passt das HoL-Konzept zu dem, was Sie bisher über Führung wissen?
- Welche Besonderheiten erkennen Sie? ◄

Vergewissern Sie sich, ob Fragen entstanden sind, und verweisen Sie auf das *„Handout 1: Gesundheitsorientierte Führung: Alles auf einen Blick"* in der Trainingsmappe als Überblick und Zusammenfassung.

5.3.2.3 Was ist BGM?
Hierfür benötigen Sie die *Folien aus der PowerPoint-Präsentation aus Abschnitt 2 „Teil 2.3 BGM".*

Beginnen Sie mit den Folien zu „Was ist BGM?". Erläutern Sie, was man unter Betrieblichem Gesundheitsmanagement (BGM) versteht.

> **Beispiel**
>
> Im nächsten Schritt möchte ich gerne mit Ihnen über Betriebliches Gesundheitsmanagement (kurz BGM) sprechen.
>
> In den letzten Jahren ist eine Zunahme der Arbeitsbelastung zu verzeichnen. Vor allem Veränderungen der Arbeitswelt wie Digitalisierung und Flexibilisierung sorgen dafür, dass sich auch die Arbeitsanforderungen verändern. Das wiederum hat Einfluss auf die Gesundheit am Arbeitsplatz. Vor allem psychische Erkrankungen haben einen erheblichen Anteil am Fehlzeitengeschehen. Um diesen Entwicklungen entgegen-

5.3 Baustein 2: „Grundlagen"

zusteuern und um die Gesundheit der Beschäftigten zu erhalten und zu fördern, haben viele Unternehmen ein Betriebliches Gesundheitsmanagement implementiert.

BGM beschreibt dabei die systematische und strukturierte Entwicklung/Schaffung, Planung und Lenkung betrieblicher Strukturen und Prozesse mit dem Ziel, die Gesundheit der Beschäftigten zu erhalten und zu fördern.

Mithilfe von BGM sollen Belastungen der Beschäftigten reduziert und die persönlichen Ressourcen gestärkt werden. Gesundheitsgefährdende Verhaltensweisen der Mitarbeitenden sollen reduziert werden und Gesundheitsverhalten etabliert werden, sodass die Mitarbeitenden befähigt werden, mit den Arbeitsanforderungen umzugehen. BGM setzt auch an den Arbeitsbedingungen an, indem diese gesundheitsförderlich gestaltet werden.

In den meisten Fällen ist das BGM in mehrere Handlungsfelder unterteilt:

- Arbeits- und Gesundheitsschutz (ArbSchG) und
- Betriebliches Eingliederungsmanagement (BEM) (§ 167 Absatz 2 SGB IX) sowie
- Betriebliche Gesundheitsförderung (BGF).

Diese möchte ich mir mit Ihnen im weiteren Verlauf etwas genauer anschauen, um für Sie wichtige Grundlagen in diesem Bereich zu schaffen. ◄

Gehen Sie dabei auch auf die drei Säulen von BGM ein *(ab Folie „Was ist BGF?", „Was ist AuG?" und „Was ist BEM?")*.

Beispiel

Starten wir mit der Säule BGF. Was ist das genau?

Die **Betriebliche Gesundheitsförderung** umfasst alle konkreten Maßnahmen unter Beteiligung der Beschäftigten zur Stärkung ihrer Gesundheitskompetenzen (Verhalten) sowie Maßnahmen zur Gestaltung gesundheitsförderlicher Bedingungen (Verhältnisse) mit dem Ziel, die Gesundheit und das Wohlbefinden zu verbessern und die Beschäftigungsfähigkeit zu erhalten. Unterschieden werden also Maßnahmen, die auf das Verhalten abzielen, aber auch auf die Bedingungen, also die Verhältnisse.

In dieser Grafik (auf Folie „Was ist BGF? (Part III) - Gesunde Führung ist ein wichtiger Bestandteil von BGM!") sind die beiden Bereiche und wesentliche Bestandteile abgebildet.

Zu den Ansatzpunkten auf der Verhältnisebene gehört die Gestaltung von gesundheitsförderlichen Arbeitsbedingungen, aber auch der Tätigkeit an sich. Auch gesundheitsorientierte Führung (hier als gesundheitsgerechte Führung beschrieben) findet sich auf dieser Ebene als Ansatzpunkt. Ihr Verhalten als Führungskraft ist also ein wesentlicher Schlüssel für BGM.

Maßnahmen auf der Verhaltensebene setzen am Arbeits- und Lebensstil der Personen an und können sich auf unterschiedliche Gesundheitsverhaltensbereiche beziehen, z. B. Ernährung, Stressprävention, Suchtprävention und Bewegung.

Die nächste Säule ist der **Arbeits- und Gesundheitsschutz.** Dieser hat das Ziel, Unfälle bei der Arbeit und arbeitsbedingte Gesundheitsgefahren zu verhüten, Sicherheit und Gesundheitsschutz der Beschäftigten bei der Arbeit durch Maßnahmen des Arbeitsschutzes zu sichern und zu verbessern und arbeitsbedingte Gesundheitsstörungen und Berufskrankheiten zu vermeiden.

Das Ziel ist es, gesundheitsgefährdende (langfristige) Auswirkungen (physisch, psychisch und sozial) der Arbeit auf die Gesundheit zu verhindern. Um dies zu erreichen, ist die Identifikation von unfallbegünstigenden und gesundheitsschädigenden Faktoren mittels sogenannter Gefährdungsbeurteilungen notwendig. Darauf basierend werden Maßnahmen auf Verhaltens- (z. B. Verhalten im Umgang mit Gefahrstoffen, Verhalten im Notfall) und Verhältnisebene (z. B. Maßnahmen zur menschengerechten Gestaltung der Arbeit bezogen auf Arbeitsgestaltung, Arbeitsmittel und Arbeitsplatz) abgeleitet.

Auch die Wirksamkeitsüberprüfung und ggf. Anpassung von Gegebenheiten gehören dazu.

Gesetzlich verankert ist der Arbeits- und Gesundheitsschutz im Arbeitsschutzgesetz (ArbSchG, 1996). In § 2 und § 4 sind die Aufgaben des Arbeits- und Gesundheitsschutzes beschrieben. Die Pflicht zur Gefährdungsbeurteilung ist in § 5 festgehalten. Hier steht geschrieben, dass der Arbeitgeber durch eine Beurteilung der für die Beschäftigten mit ihrer Arbeit verbundenen Gefährdung zu ermitteln hat, welche Maßnahmen des Arbeitsschutzes erforderlich sind. Die Gefährdung durch psychische Belastung ist hier explizit (neben z. B. Gefährdung durch physikalische Stoffe, Einsatz von Arbeitsmitteln oder unzureichende Qualifikationen) genannt und Bestandteil der Gefährdungsbeurteilung.

Die letzte Säule, das **Betriebliche Eingliederungsmanagement,** hat das Ziel, Personen mit einer Arbeitsunfähigkeit wieder in den Beruf einzugliedern und beruflich zu rehabilitieren. Hier geht es um die Einschätzung der Rückkehrperspektive nach Langzeiterkrankungen, um die Vorbeugung erneuter Arbeitsunfähigkeit (Rückfallschutz), Arbeitsfähigkeitscoaching und schrittweise Wiedereingliederung. Rechtliche Grundlagen für das Betriebliche Eingliederungsmanagement sind im SGB IX § 167 festgelegt.

Diese Säulen bilden das Betriebliche Gesundheitsmanagement. Gesundheitsorientierte Führung hat per se eine wichtige Schlüsselrolle im BGM, BGM ist jedoch auch ein wichtiger Teil von gesundheitsorientierter Führung. Daher ist es wichtig, zu verstehen, was BGM überhaupt ist. ◄

Fahren Sie mit einem Erfahrungsaustausch zu BGM fort. Welche Erfahrungen haben die Führungskräfte mit BGM? *(Folie Grundlagen zu BGM: „Kurzer Erfahrungsaustausch")*

Beispiel

Ich möchte jetzt gerne einen kurzen Erfahrungsaustausch machen:

5.3 Baustein 2: „Grundlagen"

- Welche Erfahrungen haben Sie mit BGM?
- Welche Fragen gibt es zu BGM? ◄

Machen Sie nun insgesamt den Nutzen von BGM deutlich *(Folien „Was bringt BGM?")*.

Beispiel

Was bringt nun BGM überhaupt?

Die Umsetzung von BGM und Investition in die Gesundheit zahlt sich aus, denn Krankheit ist teuer.

BGM führt zu einer Verringerung der Arbeitsbelastungen, die Gesundheit und das Wohlbefinden der Mitarbeitenden werden gesteigert, die Arbeits- und Leistungsfähigkeit wird erhalten, die Arbeitszufriedenheit und Mitarbeitermotivation werden gefördert, der Krankenstand und Fehltage werden reduziert, das Arbeitsklima wird gebessert, die Bindung an das Unternehmen wird erhöht und Fluktuation wird reduziert.

Studien zeigen, dass durch die Einführung von BGM und Maßnahmen von BGF und Arbeits- und Gesundheitsschutz die Kosten durch Krankheiten um 26 % gesenkt werden konnten und die Abwesenheitsrate um 27 % niedriger ausfällt.

Je mehr in BGM investiert wird, desto eher zeigen sich Effekte in den Fehlzeiten, die dadurch eingespart werden. Das zeigen Gesundheitsökonomiestudien. Mit jedem investierten Euro können also zwischen 2,70 € und 5 € durch reduzierte Fehlzeiten eingespart werden. Das zeigt die Return-on-Investment-Kennzahl, kurz ROI.

Die Datenlage zeigt also einen erheblichen Nutzen von BGM, wenn BGM gut implementiert und breit gefächert ist. ◄

Machen Sie deutlich, dass BGM ein wichtiger Schlüssel für gesundheitsorientierte Führung ist *(Folie „BGM als Schlüssel")*.

Beispiel

Wenn Sie also gesund führen möchten, sind BGM und BGF-Angebote, aber auch die Arbeitsplatzgestaltung wesentliche Ansatzpunkte. ◄

Optional (bei ausreichend Zeit):
Bei ausreichend Zeit diskutieren Sie, wo die Teilnehmenden ihre Rolle im BGM sehen.

Beispiel

Ich möchte nun gerne eine kleine Diskussionsrunde mit Ihnen machen. Dafür habe ich zwei Fragen mitgebracht:

- Wo sehen Sie Ihre Rolle beim BGM?
- Wie passen Sie da ins Bild? ◄

Beenden Sie diesen Baustein anhand der Übersichtsfolie „Aufbau des Trainings" und leiten Sie in das nächste Thema über.

> **Beispiel**
>
> Sie haben nun die wichtigsten Grundlagen kennengelernt. Sie haben die vier Einflusswege kennengelernt, haben erfahren, was gesundheitsorientierte Führung ist und was sich hinter BGM versteckt.
> Im nächsten Baustein möchte ich mit Ihnen tiefer in gesundheitsorientierte Führung einsteigen, nämlich mit SelfCare, der gesundheitsorientierten Selbstführung. ◀

5.4 Baustein 3: „SelfCare"

5.4.1 Übersicht

In diesem Baustein lernen die Teilnehmenden die Komponenten von SelfCare kennen. Sie haben die Möglichkeit, mithilfe eines Selbstchecks zu erfahren, wie gut sie sich selbst gesundheitsorientiert führen, also wie gut ihre eigene SelfCare gelingt. Sie lernen dann Übungen zu den drei Facetten Wichtigkeit, Achtsamkeit und Verhalten kennen und wie sie ihre SelfCare verbessern können. Zusätzlich werden die eigene Vorbildwirkung und mögliche Übertragungseffekte der eigenen Gesundheit auf die Mitarbeitenden thematisiert.
In Tab. 5.3 ist eine Übersicht über Baustein 3 „SelfCare" dargestellt.

5.4.2 Vorgehen

5.4.2.1 Kap. 1: Was ist das? (Merkmale von SelfCare)
Hierfür benötigen Sie die *Folien aus der PowerPoint-Präsentation aus Abschnitt 3: „Teil 3.1 Kp. 1 Was ist SelfCare?"*.
Steigen Sie in den nächsten Baustein ein. Erläutern Sie die Subfacetten von SelfCare und beschreiben Sie dabei, was gesundheitsorientierte Selbstführung ausmacht.

Optional (bei ausreichend Zeit):
Wenn genügend Zeit ist, regen Sie abschließend mithilfe folgender Fragen zu einem kurzen Erfahrungsaustausch an:

- Wie hängen die drei Facetten zusammen?
- Was, wenn jeweils eins fehlt?

5.4 Baustein 3: „SelfCare"

Tab. 5.3 Übersicht über Baustein 3: „SelfCare"

Zielsetzung und Inhalte	Kernfragen
• Teilnehmende mit den Komponenten von SelfCare bekannt machen • Erfahren, wie gut die Teilnehmenden sich selbst gesundheitsorientiert führen (Selbstcheck) • Übungen kennenlernen, wie sie ihre SelfCare verbessern können • Mehr über die eigene Vorbildwirkung erfahren und wie man sie verbessern kann • Mehr über den Übertragungseffekt erfahren und wie man das Übertragungsrisiko minimieren kann	• Was ist SelfCare genau? • Wie gut gelingt mir SelfCare? • Was kann ich besser machen?
Dauer	**Varianten**
Ca. 120 bis 180 min	Keine
Material	**Besondere Hinweise**
• PowerPoint-Präsentation: Abschnitt 3 [Baustein 3: SelfCare][3] • Übungsblatt 1: SelfCare-Profil: Selbstcheck • Übungsblatt 2: SelfCare-Profil: Beispiel • Übungsblatt 3: Mein HoL-Profil: Auswertung • Übungsblatt 4: Meine persönliche Wertebilanz • Flipchart 6: Baustein 3: SelfCare: Wichtigkeit von Gesundheit • Übungsblatt 5: Meine Achtsamkeit • Übungsblatt 6: Mein Gesundheitsverhalten • Flipchart 7: Vorbildwirkung: Beispiele • Übungsblatt 7: Ich als Vorbild • Handout 2: Vorbildwirkung: Alles auf einen Blick (in Trainingsmappe) • Übungsblatt 8: Gesundheitscheck • Übungsblatt 9: Crossover-Effekt • Flipchart 8: Crossover-Effekt: Beispiele • Bunte oder einfarbige Klebepunkte • Kleine Zettel für jeden Teilnehmenden • Kleine Box oder Tupperdose • Karten, Eddings, Pinnnadeln zum Befestigen, oder Klebestreifen • Grüne und rote Moderationskarten, grüner, roter und schwarzer Edding • Metaplanwand, leeres Flipchart	Keine

---

[3] Die PowerPoint-Präsentation ist in unterschiedliche Trainingsabschnitte eingeteilt, die die Bausteine repräsentieren. Jeder Abschnitt von 1 bis 5 ist in einzelne Schritte bzw. Kapitel eingeteilt. Diese finden Sie in PowerPoint im Reiter „Ansicht" > Foliensortierung wieder. Die Einteilung der Folien hilft Ihnen zu wissen, wann welcher Folienteil zum Einsatz kommt.

> **Beispiel**
>
> Wir sind jetzt im nächsten Baustein angekommen. Ich möchte mit Ihnen jetzt gerne tiefer in gesundheitsorientierte Führung einsteigen. Der Fokus liegt in diesem Baustein auf der Selbstführung, also SelfCare. In einem kurzen Einstieg wird es darum gehen, was SelfCare überhaupt ist, danach werden wir schauen, wie SelfCare bei Ihnen selbst ausgeprägt ist und was Sie tun können, um Ihre SelfCare zu verbessern. Beginnen wir mit dem ersten Teil. Was ist SelfCare?
> SelfCare besteht aus drei Facetten, die zusammen beschreiben, was SelfCare ist. Die Facetten sind Wichtigkeit, Achtsamkeit und Verhalten:
>
> a) Mit **„Wichtigkeit"** sind gesundheitsbezogene Einstellungen und Wertorientierungen gemeint. Wichtigkeit beschreibt dabei, welche Relevanz und Priorität Sie als Führungskräfte Ihrer eigenen Gesundheit zuschreiben.
> b) Damit ein hoher Stellenwert auch verhaltenswirksam werden kann, ist es wichtig, auf Risiken am Arbeitsplatz und Warnsignale zu achten, damit diese frühzeitig erkannt werden. Dafür ist eine gewisse Achtsamkeit vonnöten. **Achtsamkeit** beschreibt hier die bewusste Wahrnehmung der eigenen Gesundheit, des aktuellen Stresserlebens und zu bemerken, wenn man überfordert oder gestresst ist, und zu erkennen, wann Erholungspausen notwendig sind. Es bedeutet, für Frühwarnzeichen von Stress und Faktoren, die die eigene Gesundheit gefährden können, sensibel zu sein und diese rechtzeitig wahrzunehmen. Führungskräfte mit einer geringen Achtsamkeit merken oft zu spät, wenn sie sich überfordert haben und sie belastet sind.
> c) Wird die Gesundheit als wichtig eingeschätzt und werden Risiken bewusst wahrgenommen, können entsprechende Maßnahmen ergriffen werden. Wichtigkeit und Achtsamkeit sind somit Voraussetzungen für **gesundheitsförderliches Verhalten**. Die „Verhaltens"-Komponente umfasst drei Aspekte: gesundheitsförderliches Verhalten, gesundheitsschädigendes Verhalten und den Lebensstil. Die ersten beiden Aspekte beschreiben das Ausmaß, inwieweit tatsächlich konkrete gesundheitsrelevante Verhaltensweisen ausgeübt werden und Maßnahmen ergriffen werden, um die Gesundheit zu fördern, oder sogar Verhaltensweisen gezeigt werden, um die Gesundheit zu gefährden. Förderliche Verhaltensweisen wären zum Beispiel für Pausen zu sorgen und Arbeitsbedingungen gesund zu gestalten. Eine Gefährdung würde vorliegen, wenn man sich immer zu viel zumutet und für zu wenig oder keine Erholung sorgt. Dabei geht es um Verhaltensprävention (z. B. Pausen einhalten, gesundes Sitzen, Zeitmanagement), aber auch um Verbesserungen im Arbeitsumfeld durch Verhältnisprävention (z. B. ergonomisches Arbeitsumfeld, Arbeitsorganisation). Der Lebensstil beschreibt gesundheitsförderliches Verhalten außerhalb des Arbeitsplatzes (gesunde Ernährung, ausreichend Bewegung).

5.4 Baustein 3: „SelfCare"

Optional *(bei ausreichend Zeit):*
Ich möchte jetzt gerne mit Ihnen eine kurze Fragerunde machen. Dafür habe ich zwei Fragen mitgebracht:

- Wie hängen die drei Facetten zusammen?
- Was, wenn jeweils eins fehlt? ◀

5.4.2.2 Kap. 2: Wie sieht es bei mir aus? (Selbstcheck SelfCare)

Hierfür benötigen Sie die *Folien aus der PowerPoint-Präsentation aus Abschnitt 3: „Teil 3.2 Kp. 2 Wie sieht es bei mir aus?"*.

Leiten Sie in den nächsten Abschnitt ein und bereiten Sie die Teilnehmenden darauf vor, dass es nun um die Frage geht, wie SelfCare bei ihnen ausgeprägt ist.

Bitten Sie die Teilnehmenden, den SelfCare-Selbstcheck in ihrer Trainingsmappe aufzuschlagen und die folgenden Übungsblätter auszufüllen: *„Übungsblatt 1: SelfCare-Profil: Selbstcheck"*.

> **Beispiel**
>
> Jetzt haben Sie im ersten Schritt erfahren, was SelfCare genau bedeutet. Im weiteren Schritt soll es um die Frage gehen, wie SelfCare bei Ihnen ausgeprägt ist.
>
> Hierfür habe ich Ihnen einen Selbstcheck mitgebracht. Schlagen Sie hierfür bitte Ihre Trainingsmappe, *Übungsblatt 1* auf und füllen Sie den Selbstcheck aus. ◀

Wenn alle fertig sind, bitten Sie die Teilnehmenden, den Auswertungsanweisungen zu folgen und ihr persönliches SelfCare-Profil zu erstellen (*„Übungsblatt 3: Mein HoL-Profil: Auswertung"*). Ein Beispiel für die Erstellung des Profils wird auf *„Übungsblatt 2: SelfCare-Profil: Beispiel"* gegeben.

> **Beispiel**
>
> Wenn alle fertig sind, möchte ich Sie nun bitten, Ihre persönliche Auswertung vorzunehmen. Die Auswertungshinweise finden Sie jeweils am rechten Rand. Wenn Sie für jede Facette einen Wert berechnet haben, tragen Sie diesen in die dafür vorgesehenen Kästchen ein. Danach zeigt Ihnen das *„Übungsblatt 2: SelfCare-Profil: Beispiel"*, wie Sie zu Ihrem persönlichen SelfCare-Profil kommen.
>
> Nehmen Sie jetzt *„Übungsblatt 3: Mein HoL-Profil: Auswertung"* und versehen Sie das Profil mit Ihren Werten und machen Sie Kreuze für Ihre Werte. Verbinden Sie die Linien anschließend.
>
> Sind alle mit ihrer Auswertung fertig? Schauen Sie sich Ihr Profil an. Das Profil zeigt Ihnen, ob Sie in einem roten, also einem Risikobereich liegen, in einem neutra-

len mittleren Bereich, das ist der graue Bereich in der Mitte, oder im grünen, positiven Bereich sind. Die schwarzen Punkte sind Werte aus unserer Normstichprobe. So sehen Sie, wie eine Vergleichsgruppe abgeschnitten hat und wo Ihre Werte im Vergleich dazu liegen. ◄

Machen Sie deutlich, dass dieses Profil niemand sehen muss und dieses nur zur persönlichen Lageeinschätzung dient. So erfahren die Teilnehmenden, wo Potenzial vorhanden ist und wo Schwächen sind.

Optional (bei genügend Zeit):
Wenn es die Teilnehmenden wünschen, können Sie vorschlagen, dass die Teilnehmenden ihr Profil mit ihrem Nachbarn vergleichen und sich dazu austauschen.

> **Beispiel**
>
> Durch das Profil sehen Sie, wo Sie bereits gut sind und wo Sie eventuell Schwächen haben. Sie können für sich so erfahren, wo Sie Ansatzpunkte für eventuelle Verbesserungen haben.
>
> *Optional:*
> Haben Sie Interesse, sich zu den Profilen auszutauschen?
>   Wenn ja,
> - setzen Sie sich dazu gerne in Zweier- bis Dreiergruppen zusammen und tauschen sich aus.
>   – Wo gibt es Gemeinsamkeiten und wo Unterschiede?
>   – Wo ist mir die Beantwortung leichtgefallen, wo ist sie schwergefallen?
>   Wenn nein,
> - das ist Ihr persönliches Profil, das Sie gerne vertraulich behandeln. Vielleicht mögen Sie sich zuhause mit Ihrem Partner bzw. Ihrer Partnerin oder guten Freunden austauschen. Wir empfehlen auch immer, das Profil aufzubewahren, um es zu einem späteren Zeitpunkt noch einmal anzuschauen. ◄

5.4.2.3 Kap. 3: Wie kann ich mich verbessern? Übungen zu SelfCare

Hierfür benötigen Sie die *Folien aus der PowerPoint-Präsentation aus Abschnitt 3: „Teil 3.3 Kp. 3 Wie kann ich mich verbessern?"*.
Leiten Sie zum dritten Kapitel des Bausteins SelfCare über.

> **Beispiel**
>
> Sie haben nun erfahren, wie es um Ihre eigene SelfCare steht. Im nächsten Trainingsabschnitt möchte ich gerne mit Ihnen zusammen schauen, wie Sie Ihre eigene SelfCare verbessern können.
>   Hierfür habe ich Ihnen fünf Übungen mitgebracht. Die ersten drei beziehen sich auf die Facetten Wichtigkeit, Achtsamkeit und Verhalten. Die beiden anderen Übun-

5.4 Baustein 3: „SelfCare"

gen beziehen sich auf die beiden Einflusswege Vorbildwirkung und Crossover-Effekt, also die eigene Belastung der Führungskraft. Beides wesentliche Einflusswege, bei denen Ihre eigene SelfCare eine große Rolle spielt.

Lassen Sie uns mit der ersten Übung starten. ◄

5.4.2.3.1 Übung 1: Meine Wertebilanz

Hierfür benötigen Sie die *Folien aus der PowerPoint-Präsentation aus Abschnitt 3: „Teil 3.3 Kp. 3 Übung 1"*.

Bitten Sie die Teilnehmenden darum, ihre Trainingsmappe aufzuschlagen. Instruieren Sie die Übung „Wertebilanz". Bitten Sie die Teilnehmenden, das *„Übungsblatt 4: Meine persönliche Wertebilanz"* auszufüllen (**Schritt 1**).

> **Beispiel**
>
> Schlagen Sie dafür das *„Übungsblatt 4: Meine persönliche Wertebilanz"* in Ihrer Trainingsmappe auf. Sie sehen dort neun Wertebereiche. Dinge, die Ihnen im Leben unterschiedlich wichtig sind und auf die Sie mehr oder weniger Zeit verwenden. Sie sehen hier zum Beispiel soziale Anerkennung, aber auch Unabhängigkeit oder Gesundheit.
>
> Es gibt nun zwei Spalten hinter jedem Wertebereich.
>
> In Spalte A bringen Sie diese neun Werte bitte in eine Rangreihenfolge Ihrer persönlichen Wichtigkeit (Bedeutung), die für Sie zum jetzigen Augenblick gilt. Dem wichtigsten Wert ordnen Sie die Ziffer 1 zu, dem am wenigsten wichtigen die Ziffer 9.
>
> In Spalte B tragen Sie bitte ein Plus (+) für „Hierum kümmere ich mich angemessen" und ein Minus (−) für „Das kommt zu kurz" ein. Eine „0" können Sie eintragen für „Das ist in Ordnung, so wie es ist".
>
> Lesen Sie sich bitte erst einmal alle Werte durch!
>
> Befüllen Sie dann Spalte A und B. ◄

Wenn alle fertig sind, leiten Sie zum nächsten Schritt über (**Schritt 2**) und fokussieren Sie dabei auf den Bereich „Gesundheit". Hier erfolgt eine anonyme Auswertung anhand *„Flipchart 6: Wichtigkeit von Gesundheit"*. Hängen Sie dieses Flipchart auf. Sie benötigen zusätzlich kleine Zettel, eine kleine Dose oder Box und Klebepunkte (diese können einfarbig oder bunt sein). Teilen Sie für jeden Teilnehmenden einen kleinen leeren Zettel aus. Bitten Sie die Teilnehmenden, den Rangplatz von Gesundheit auf ihrem Arbeitsblatt auf dem Zettel zu notieren und diesen zweimal zu knicken. Anschließend können Sie mit der Box/Dose herumgehen und die kleinen Zettel einsammeln. Wenn alle Zettel eingesammelt sind, schütteln Sie die Box/Dose gut durch. Gehen Sie dann erneut mit der Box/Dose herum und bitten Sie die Teilnehmenden, einen Zettel zu ziehen. Wenn alle Teilnehmenden einen Zettel gezogen haben, bitten Sie sie, nach vorne zum Flipchart zu gehen. Auf dem Chart sind die Rangplätze von 1 bis 10 für die Wichtigkeit der eigenen Gesundheit abgebildet. Die Teilnehmenden werden gebeten, einen Klebepunkt genau auf den Rangplatz zu kleben, der auf dem gezogenen Zettel steht.

> **Beispiel**
>
> Im nächsten Schritt soll es uns um den letzten Wertebereich gehen, nämlich wie wichtig Ihnen Ihre Gesundheit ist. Es geht speziell um den Rang, den Sie in Spalte A für Gesundheit vergeben haben.
> Ich möchte gerne mit Ihnen zusammen eine anonyme Auswertung vornehmen, auf welchem Platz die Gesundheit in dieser Gruppe landet.
> Dazu gebe ich Ihnen einen kleinen Zettel. Ich bitte Sie jetzt, diesen Wert aufzuschreiben. Knicken Sie diesen Zettel bitte zweimal.
> Ich sammle jetzt, wenn alle so weit sind, die Zettel ein. Jetzt spiele ich Lottofee und durchmische sie.
> Jeder von Ihnen darf sich jetzt einen Zettel aus der Box ziehen.
> Ich habe Ihnen jetzt für den weiteren Schritt ein Flipchart mitgebracht. Dort sehen Sie noch einmal die Rangreihenfolge von 1 sehr wichtig bis 9 weniger wichtig.
> Nehmen Sie sich jetzt bitte vorne einen Klebepunkt und kleben Sie diesen über den Rang, der auf dem Zettel steht, den Sie eben gezogen haben. ◄

Warten Sie, bis alle vorne am Flipchart gewesen sind **(Schritt 3)**.
Werten Sie gemeinsam mit der Gruppe das Ergebnis anhand folgender Fragen aus:

- Was sehen Sie? Wie wichtig ist die Gesundheit in der Gruppe?
- Was könnten die Gründe sein, dass die Gesundheit nicht weiter oben gelandet ist, was könnten die Gründe sein, warum sie nicht weiter unten ist?
- Was erklärt möglicherweise die Unterschiede zwischen hohen und niedrigen Werten?

> **Beispiel**
>
> Jetzt, wo alle Punkte kleben – wer möchte denn gerne beschreiben, was hier vorne zu sehen ist:
>
> - Wie wichtig ist in der Gruppe die Gesundheit?
> - Was könnten die Gründe sein, dass die Gesundheit nicht weiter oben gelandet ist, was könnten die Gründe sein, warum sie nicht weiter unten ist?
> - Was erklärt möglicherweise die Unterschiede zwischen hohen und niedrigen Werten? ◄

Fassen Sie dann gerne noch einmal zusammen und weisen Sie darauf hin, dass die Wichtigkeit und Priorisierung der eigenen Gesundheit ein wichtiger Baustein und vor allem Voraussetzung dafür ist, dass wir gesundheitsbewusst handeln.

> **Beispiel**
>
> Die Wichtigkeit und die Priorisierung der eigenen Gesundheit ist ein wichtiger Baustein und vor allem Voraussetzung dafür, dass wir gesundheitsbewusst handeln.
>
> Nur dann, wenn Ihnen die Gesundheit selbst wichtig ist und Ihnen am Herzen liegt, haben Sie die nötige Motivation, auf Ihre eigene Gesundheit zu achten und sich auch gesundheitsbewusst zu verhalten. ◄

Optional: Selbstreflexion **(Schritt 4)**

In diesem Schritt erfolgen eine kurze Diskussion und eine Selbstreflexion der Teilnehmenden.

Fragen Sie die Teilnehmenden, wie zufrieden sie selbst mit ihrem persönlichen Ergebnis sind und was sie gerne verändern würden. Was würde eher nach hinten rutschen, wenn etwas anderes nach vorne gezogen wird?

Bitten Sie die Teilnehmenden, sich die Spalte B ihres Arbeitsblattes im Bereich Gesundheit anzuschauen. Die Teilnehmenden sollen hierfür evaluieren, ob sie für diesen Bereich ein „+", ein „−" oder eine „0" eingetragen haben. Sie können für die Selbstreflexion folgende Fragen verwenden:

- Wie gut kümmere ich mich um meine Gesundheit? Inwiefern möchte ich daran etwas ändern?
- Gibt es einen ersten Schritt, was ich tun kann in Richtung Gesundheit?

> **Beispiel**
>
> Wie zufrieden sind Sie selbst mit Ihrem persönlichen Ergebnis, was würden Sie gerne verändern? Was würde eher nach hinten rutschen, wenn etwas anderes nach vorne gezogen wird?
>
> Nun schauen Sie sich Ihre Spalte B in dem Bereich Gesundheit an. Wie gut kümmern Sie sich (bereits) um Ihre Gesundheit? Haben Sie hier ein Plus, ein Minus oder eine Null eingetragen?
>
> Haben Sie ein Minus eingetragen und sind der Meinung, dass bei Ihnen dieser Bereich zu kurz kommt, dann überlegen Sie hier doch einmal, welchen ersten kleinen Schritt Sie in Richtung Gesundheit unternehmen können.
>
> Oder würden Sie sagen, dass Sie sich um Ihre Gesundheit bereits angemessen kümmern, dann können Sie überlegen, ob Ihnen weitere Schritte einfallen, was Sie konkret tun können, um sich noch mehr um Ihre Gesundheit zu kümmern.
>
> Haben Sie eine Null eingetragen, können Sie sich hier erstmal zurücklehnen oder ebenfalls überlegen, ob Sie sich weitere Schritte vorstellen könnten.
>
> Notieren Sie nun auf der Rückseite Ihren ersten kleinen Schritt. ◄

Beenden Sie die Übung *(anhand der Übersichtsfolie der Übungen)* und leiten Sie zur nächsten Übung über.

> **Beispiel**
>
> Damit haben Sie sich nun mit der Wichtigkeit Ihrer eigenen Gesundheit beschäftigt und bereits den ersten Schritt getan. Jetzt starten wir in Übung 2. ◄

5.4.2.3.2 Übung 2: Achtsamkeit

Hierfür benötigen Sie die *Folien aus der PowerPoint-Präsentation aus Abschnitt 3: „Teil 3.3 Kp. 3 Übung 2"*.

Leiten Sie in die nächste Übung ein.

In dieser Übung geht es speziell um die SelfCare-Facette Achtsamkeit. Leiten Sie in die Übung ein, indem Sie erfragen, was Achtsamkeit überhaupt eigentlich meint. Holen Sie die Ideen der Teilnehmenden ein. Erklären Sie dann, was Achtsamkeit meint *(Folie Achtsamkeit)*.

> **Beispiel**
>
> In der nächsten Übung geht es um die nächste Facette von SelfCare, nämlich Achtsamkeit. Zu Beginn des SelfCare-Bausteins haben Sie bereits erfahren, was mit Achtsamkeit gemeint ist. Kann sich denn noch jemand erinnern, was unter Achtsamkeit zu verstehen ist?
>
> …
>
> Ich habe hier noch einmal die wesentlichen Punkte von Achtsamkeit mitgebracht.
>
> Achtsamkeit heißt, dass ich bewusst im jetzigen Moment bin. Ich nehme wahr, was jetzt gerade da ist, z. B. Geräusche, Farben, alles, was um mich herum passiert, aber auch das, was in mir passiert, z. B. Gefühle, Körperempfindungen wie Verspannungen, aber auch Gedanken. All das nehme ich wahr, ohne es direkt zu bewerten, einfach da sein lassen. Ohne direkt darauf zu reagieren oder, wie der Mensch es gerne tut, zu überreagieren. Achtsamkeit heißt also die Umgebung, aber auch den eigenen Körper wahrzunehmen. Vor allem auch Signale, die uns der Körper gibt, wahrzunehmen, aber auch die eigenen Gefühle wahrzunehmen. Zu merken, wie es uns geht. ◄

5.4.2.3.2.1 Übung 2a: Selbstreflexion zur eigenen Achtsamkeit

Hierfür benötigen Sie die *Folien aus der PowerPoint-Präsentation aus Abschnitt 3: „Teil 3.3 Kp. 3 Übung 2a"*.

Leiten Sie in die Reflexionsübung ein. Bitten Sie die Teilnehmenden, dazu *„Übungsblatt 5: Meine Achtsamkeit"* aufzuschlagen und die erste Frage zu beantworten. Warten Sie, bis alle fertig sind. Bitten Sie die Teilnehmenden, die nächsten Fragen auf dem Übungsblatt zu beantworten. Verwenden Sie hierfür die *Folien „Übung 2a: Meine Achtsamkeit"*.

5.4 Baustein 3: „SelfCare"

> **Beispiel**
>
> Um in den ersten Teil der Übung einzusteigen, möchte ich Sie bitten, *„Übungsblatt 5: Meine Achtsamkeit"* in Ihrer Trainingsmappe aufzuschlagen. Ich habe Ihnen hierfür die Frage mitgebracht, inwiefern Sie auf Ihre eigenen Gesundheitssignale achten. Schauen Sie doch einmal, wo Sie sich bei dieser Frage auf einer Skala von 1 = gar nicht bis 10 = sehr einschätzen würden.
> Sind alle fertig?
> Wenn alle fertig sind, möchte ich Sie bitten, die nächsten drei Fragen für sich selbst zu beantworten. Vor allem möchte ich gerne wissen, woran Sie Ihre Entscheidung festmachen, ob Sie auf der Skala gerne woanders stehen würden und was passieren müsste, um dort hinzugelangen. Nun wieder jeder für sich. ◂

5.4.2.3.2.2 Übung 2b: Achtsamkeitsübung Self-Scan

Hierfür benötigen Sie die *Folien aus der PowerPoint-Präsentation aus Abschnitt 3: „Teil 3.3 Kp. 3 Übung 2b"*.

Fragen Sie, ob alle fertig sind, und leiten Sie in Übungsteil 2b über. Verwenden Sie hierfür die *Folien „Übung 2b: SelfScan"*. Sensibilisieren Sie für die Übung (**Schritt 1**) und ermutigen Sie die Teilnehmenden, es trotz eventueller Skepsis dennoch auszuprobieren.

Bitten Sie die Teilnehmenden, eine bequeme, aber aufrechte Position einzunehmen, und empfehlen Sie, die Augen während der Übung zu schließen oder – wem dies unangenehm ist – einen Punkt vor sich zu fixieren.

> **Beispiel**
>
> Sie haben jetzt für sich erste Ideen notiert, was Sie tun könnten, um besser auf Ihre Warnsignale zu achten. Mit dem nächsten Übungsteil möchte ich Ihnen gerne eine Übung zeigen, wie Sie im Alltag achtsamer mit sich selbst umgehen können. Diese Übung nennt sich SelfScan und die möchte ich gerne nun mit Ihnen ausprobieren.
> Vielleicht mag Ihnen die Übung zu Beginn etwas ungewohnt vorkommen. Ich möchte Sie dennoch bitten, offen zu sein und einfach für sich auszuprobieren und danach zu entscheiden, wie Sie die Übung erlebt haben.
> Ich möchte jetzt gerne mit Ihnen diese Achtsamkeitsübung ausprobieren. Wir starten mit dem SelfScan, bei dem es genau darum geht, unsere Gedanken, Gefühle und Körperempfindungen wahrzunehmen und zu beobachten, also uns mit dem Hier und Jetzt zu verbinden. Wir lenken also unsere Aufmerksamkeit bewusst auf unsere inneren Prozesse, um besser unsere Warnsignale wahrnehmen zu können.
> Lassen Sie uns beginnen. ◂

Wenn es für Sie passt, holen Sie sich die Erlaubnis ein, die Teilnehmenden während der Übungen zu duzen.

> **Beispiel**
>
> Bevor wir in die Übung starten, habe ich noch ein kleines Anliegen. Ich handhabe es in den Trainings immer so, dass ich während solcher Übungen (vor allem die Achtsamkeitsübungen) die Teilnehmenden **duze**. Das möchte ich auch hier gerne tun. So fühlen Sie sich persönlicher und direkter angesprochen und es wird Ihnen einfacher fallen, sich auf die Übungen einzulassen. Ihr Einverständnis vorausgesetzt, möchte ich Sie für die Übung also gerne duzen. ◄

Lesen Sie ab hier bitte die Übungsanleitung mit sanfter, ruhiger, aber bestimmter (aktivierend, nicht einschläfernd) Stimme vor. Versuchen Sie dabei den Text langsam und mit Pausen zu sprechen.

Da es vorkommen kann, dass solche Übungen tendenziell zu schnell gesprochen werden, empfehlen wir die in den Instruktionstext eingebauten Zeitangaben für Pausen zwischen den jeweiligen Sätzen zu berücksichtigen (dargestellt in Sekunden, abgekürzt mit „s"). **Zeitangaben und kursiv gesetzte Überschriften sind selbstverständlich nicht vorzulesen!**

> **Beispiel**
>
> *Sitzhaltung einnehmen*
> Beginne diese Übung damit, eine aufrechte, bequeme und gleichzeitig entspannte Sitzhaltung einzunehmen.
> Es ist hilfreich, sich nicht völlig anzulehnen, damit der Rücken sich selbst stützen kann. Wenn du magst, kannst du deine Lendenwirbel jedoch an der Lehne etwas abstützen.
> Wichtig ist dabei, dass du so sitzt, dass der Atem frei fließen kann und du aktiv wach bleiben kannst.
> Deine Füße kannst du dafür flach nebeneinander auf den Boden stellen.
> Deine Hände liegen auf deinem Schoß, auf der Lehne oder deinen Oberschenkeln. So, wie es für dich angenehm ist (7 s).
>
> *Augen schließen*
> Wenn du so weit bist, schließe sanft mit einem Ein- und Ausatmen deine Augen (2 s).
> Wenn du deine Augen nicht schließen möchtest, suche dir einen Punkt an der Wand oder auf dem Boden vor dir und fokussiere darauf (4 s).
> Nimm ein paar tiefe Atemzüge (8 s).
>
> *Körper wahrnehmen*
> Nimm zu Beginn deinen Körper wahr. Wo hat dein Körper jetzt gerade **Berührungspunkte** zum Stuhl und zum Boden (10 s)?
> Nimm bewusst diese Berührungspunkte wahr (10 s).
> Wo berühren deine Füße den Boden (15 s)?

5.4 Baustein 3: „SelfCare"

Wo liegen vielleicht deine Oberschenkel auf dem Stuhl auf (15 s)?
Wo berührt dein Rücken die Stuhllehne (15 s)?
Und wo berühren deine Hände vielleicht deinen Körper oder den Stuhl (15 s)?
Achte auch auf die **Position deines Körpers**. Wie sitzt du gerade (10 s)?
Versuche deine gesamte Aufmerksamkeit auf die Position deiner Körperteile zu richten. In welcher Position befinden sich deine Füße und Beine, dein Rücken, deine Arme, dein Kopf (15 s)?
Was kannst du jetzt gerade wahrnehmen?
Vielleicht bemerkst du auch Bereiche in deinem Körper, die eventuell **unangenehm, verspannt, angespannt** oder schmerzhaft erscheinen (vielleicht ein angespannter Kiefer, Rückenschmerzen, Druckpunkte). Versuche auch hier für einen Moment deine Aufmerksamkeit sanft, freundlich und offen hinzulenken (15 s).
Schau dir die unangenehmen Stellen für einen Moment an und versuche auch diesen offen und unvoreingenommen zu begegnen. Versuche, gleichmütig zu bleiben – du musst auf nichts reagieren, einfach nur wahrnehmen. Füge keine Reaktion hinzu (20 s).
Jetzt löse deine Aufmerksamkeit von deinem Körper und wechsle zu deinen Gedanken (3 s).

Gedanken wahrnehmen
Schau dir nun deinen Geist an, was ist jetzt gerade in deinem Geist los? Was taucht jetzt gerade auf (15 s)?
Sind es viele Gedanken, wenige Gedanken, gar keine Gedanken (15 s)?
Ein ganzer Gedankenstrom, einzelne immer wiederkehrende Gedanken, verschiedene Gedanken?
Bemerke auch, woher die Gedanken kommen: Sind es eher Gedanken an vergangene Erlebnisse, Gedanken an Bevorstehendes (20 s)?
Vielleicht kommen dir auch gerade keine Gedanken, dann bemerke auch das, aber auf eine freundliche und neugierige Art und Weise (15 s).
Versuche, ganz aufmerksam zu betrachten, was in deinem Geist jetzt gerade los ist. Ohne an einem Gedanken festzuhalten. Versuche, offen, freundlich und neugierig deinem Geist gegenüber zu sein (15 s).
Löse dich auch jetzt wieder freundlich von deinen Gedanken. Wechsel nochmal den Kanal (2 s).
Nimm deine Gefühle in deine Aufmerksamkeit.

Gefühle/Stimmung wahrnehmen
Wie ist jetzt gerade deine Stimmung? Wie ist deine Gefühlslage (15 s)?
Was taucht jetzt gerade auf, wenn du deine Gefühle in die Aufmerksamkeit nimmst (15 s)?
Ist es ein einzelnes großes Gefühl, ein eher schwaches Gefühl, oder vielleicht auch eher ein Gemisch aus Gefühlen (15 s)?

Vielleicht bist du gerade traurig, etwas verärgert, vielleicht bist du auch glücklich und froh. Was auch immer gerade auftaucht, versuche es zu beobachten und zu bemerken. Offen, neugierig und freundlich dir selbst gegenüber (15 s).

Versuche zu benennen, was für Gefühle auftauchen. Da ist gerade Ärger, Glück, Scham, Traurigkeit, Freude, Angst. Was auch immer es für ein Gefühl oder eine Stimmung ist. Freudig, gereizt, verärgert, glücklich, zufrieden, neugierig, was auch immer (20 s).

Löse dich auch jetzt wieder von deinen Gefühlen.

Atem fokussieren
Sammle deine gesamte Aufmerksamkeit nun bei deinem Atem (5 s).

Sei ganz mit deiner Aufmerksamkeit bei jedem Atemzug (20 s).

Du atmest ein, du atmest aus (15 s).

Wo kannst du deine Atmung am deutlichsten wahrnehmen?

In den Nasenöffnungen, wie die Luft ein- und ausströmt (15 s)?

In deinem Brustbereich, wie der Brustkorb sich mit Luft füllt und die Luft langsam wieder ausströmt (15 s)?

In deinem Bauchbereich, wie die Bauchdecke sich anhebt und wieder sinkt, mit jedem Ein- und Ausatmen (15 s)?

Du kannst auch deine Atemzüge zählen, um deine Aufmerksamkeit dort besser zu halten. Jedes Einatmen 1, Ausatmen 2, Einatmen 3, Ausatmen 4, Einatmen 5, Ausatmen 6 (20 s).

Bleibe noch einen Moment ganz bei deiner Atmung und halte deine Aufmerksamkeit ganz fokussiert dort (15 s).

Öffnen der Augen
Löse dich jetzt auch von deinem Atem.

Nimm deine Umgebung langsam wahr, wie du hier sitzt.

Wenn du so weit bist, öffne dann ganz in deinem Tempo deine Augen. ◄

Bereiten Sie die Teilnehmenden vor, dass nun eine kurze Reflexionsrunde folgt, in der es um das konkrete Erleben während der Übung geht. Es geht hier nicht darum, zu berichten, wie sie die Übung fanden, sondern was sie konkret erlebt haben **(Schritt 2).**

Machen Sie eine Runde und fragen Sie die Teilnehmenden nach ihrem konkreten Erleben in der Übung.

Beispiel

Ich möchte mit Ihnen nun gerne eine kleine Reflexionsrunde machen:

- Wie erging es Ihnen in der Übung, was haben Sie ganz konkret erlebt?
- Was könnten Sie konkret in Ihrem Alltag tun, um achtsamer mit sich zu sein?

5.4 Baustein 3: „SelfCare"

- *(Beispiele für mögliche Antworten bzw. Diskussionsbeiträge: achtsam die Tür aufschließen, den ersten Bissen achtsam essen, achtsam duschen (Shampoo bewusst riechen, Wasser bewusst wahrnehmen), achtsam Wäsche zusammenlegen usw.)*

Starten wir bei Ihnen? ◄

Fassen Sie die Erlebnisse aus der Übung in eigenen Worten zusammen und erläutern Sie, was während der Übung typischerweise passieren kann.

Versuchen Sie auf die Teilnehmenden einzugehen, falls Schwierigkeiten während der Übung aufgekommen sind. Versichern Sie, dass es üblich und in Ordnung ist, wenn es zu Beginn Schwierigkeiten gibt, und dass es Übungssache ist. Schwierigkeiten spiegeln meist unseren routinemäßigen Autopiloten wider. In der Übung können Hindernisse auftreten. Beispielsweise kommt es häufig vor, dass Teilnehmende Unruhe oder Langeweile beschreiben. Verhaltensweisen (wie Vermeidung, Langeweile nicht aushalten können, Unruhe zu erleben), die nach und nach durch Achtsamkeit erkannt werden. Bestärken Sie positive Erlebnisse mit der Übung und ermutigen Sie, weiter offen für die Übungen zu bleiben.

▶ **Überblick über Übungsmodi**

Bei Achtsamkeitsübungen passieren häufig drei Dinge:
1. Zum einen, wirklich achtsam sein. Dabei macht es auch nichts, wenn Sie mal abschweifen. Wichtig ist, dass Sie sich immer wieder zurückholen und bewusst die Aufmerksamkeit wieder neu ausrichten. Also bewusst zu machen, wann Gedanken kommen, unser Autopilot anspringt und uns selbst nach und nach besser kontrollieren zu können. Der Weg des Zurückholens der Aufmerksamkeit gehört zur Achtsamkeit. Dass wir abschweifen, ist völlig normal, da unser Verstand viele Gedanken produziert. Wir selbst entscheiden jedoch, ob wir uns davon beeinflussen und mitreißen lassen oder uns für einen Moment eine Pause gönnen.
2. Zum anderen kann es sein, dass Sie dauerhaft während der Übung in Gedanken waren und so sehr bei anderen Gedanken waren, dass Sie die Instruktionen nicht mehr wahrnehmen konnten und so auch der Übung nicht folgen konnten. Das ist der *Autopilot-Modus*.
3. Der dritte Weg ist das Einschlafen. Sie waren vielleicht so entspannt, dass Ihre Aufmerksamkeit komplett ausgeschaltet war und Sie in einen *Schlafmodus* gerutscht sind.

Es ist vollkommen in Ordnung, wenn Sie zu Beginn Schwierigkeiten erleben. Schwierigkeiten spiegeln meist unseren routinemäßigen Autopiloten wider. Bei regelmäßiger Übung gelingt es Ihnen, den Autopilot-Modus besser in den Griff zu bekommen. Achtsamkeit kann man wie einen Muskel betrachten, der durch viel Übung wie beim Sport trainiert werden kann. Nutzen Sie hierfür gerne die Audiodatei, die Sie im Nachhinein zur Verfügung gestellt bekommen.

Beenden Sie den Übungsblock anhand der Übungsübersichtsfolie und leiten Sie in die dritte Übung ein.

> **Beispiel**
>
> Jetzt haben Sie sich mit den Themen Wichtigkeit und auch Achtsamkeit beschäftigt. Im nächsten Übungsteil soll es um Ihr konkretes Verhalten gehen. ◄

5.4.2.3.3 Übung 3: Gesundheitsverhalten

Hierfür benötigen Sie die *Folien aus der PowerPoint-Präsentation aus Abschnitt 3.3 Kp. 3 Übung 3a*. Leiten Sie in die nächste Übung ein.

5.4.2.3.3.1 Übung 3a: Selbstreflexion

In der folgenden Übung leiten Sie die Teilnehmenden an, ihr eigenes Gesundheitsverhalten zu reflektieren und Verbesserungsmöglichkeiten zu identifizieren. Zunächst stellen Sie die unterschiedlichen Gesundheitsbereiche vor (s. Folie *„Übung 3a: Mein Gesundheitsverhalten, Schritt 1: Gesundheitsbereiche kennenlernen"*, **Schritt 1**).

> **Beispiel**
>
> In der folgenden Übung geht es um Ihr eigenes Gesundheitsverhalten. Zunächst möchte ich Ihnen die verschiedenen Gesundheitsbereiche anhand der Folie vorstellen. Sie sehen, dass sich die Gesundheitsbereiche nicht nur auf Dinge wie eine ausreichende Entspannung bzw. einen ausreichenden Ausgleich beziehen, sondern auch auf den Bereich des Schlafes. Auch die Bewegung im Alltag und Ihre Ernährung zählen zu Ihrem Gesundheitsverhalten. Konkret auf die Arbeit bezogen zählt allerdings auch die Gestaltung der Arbeitsbedingungen zu diesem Verhalten. Auch hier können Sie Ihren Beitrag für Ihr persönliches Gesundheitsverhalten leisten. ◄

Nachdem Sie nun die Bereiche vorgestellt haben, geht es um die konkrete Selbstreflexion der Teilnehmenden (Schritt 2, Folie *„Übung 3a: Mein Gesundheitsverhalten, Schritt 2: Selbstreflexion"*). Um in diesen Schritt einzusteigen, leiten Sie die Reflexionsübung an. Bitten Sie die Teilnehmenden dazu, *„Übungsblatt 6: Mein Gesundheitsverhalten"* in ihrer Trainingsmappe aufzuschlagen. Erklären Sie den Teilnehmenden den Ablauf der Übung. Zunächst geht es darum, anhand der Gesundheitsbereiche zu reflektieren, welche Bereiche bereits gut gefördert werden und wie dieses Handeln konkret aussieht. Zudem sollen Bereiche betrachtet werden, die noch nicht ausreichend gefördert werden bzw. gefährdet sind.

Nachdem Sie die Aufgabe erklärt haben, gehen Sie bitte zurück auf Folie *„Übung 3a: Mein Gesundheitsverhalten, Schritt 1: Gesundheitsbereiche kennenlernen"*, um den Teilnehmenden die Gesundheitsbereiche noch einmal vor Augen zu führen, und lassen Sie diese für die Dauer der Reflexionsübung (**Schritt 2**) angezeigt.

5.4 Baustein 3: „SelfCare"

> **Beispiel**
>
> Um in den ersten Teil der Übung einzusteigen, möchte ich Sie bitten, *Übungsblatt 6* in Ihrer Trainingsmappe aufzuschlagen. Wie Sie sehen, soll es nun um Ihr eigenes Gesundheitsverhalten gehen. Hierfür bitte ich Sie, sich die folgenden Fragen auf dem Übungsblatt anzusehen. Überlegen Sie sich, inwiefern Sie Ihre Gesundheit bereits fördern und wo Sie sie vielleicht auch gefährden. Bitte erst einmal nur die erste Seite des Übungsblattes ausfüllen.
>
> Wenn Sie dann die beiden Fragen für sich beantwortet haben, prüfen Sie doch mal, zu welchem Gesundheitsbereich die Punkte gehören könnten. Tragen Sie bitte dazu den jeweiligen Gesundheitsbereich in die jeweils zweite Spalte.
>
> Schauen Sie doch jetzt mal auf Ihr Übungsblatt:
>
> - Was fällt Ihnen auf?
> - Wie breit sind Sie in Ihrem Gesundheitsverhalten aufgestellt? Also bezieht sich Ihr Gesundheitsverhalten auf viele Gesundheitsbereiche oder eher nur auf einen oder wenige?
>
> So erhalten Sie Ansatzpunkte, welche Bereiche Sie vielleicht noch mehr in den Fokus nehmen können, um Ihr Gesundheitsverhalten noch breiter aufzustellen und auszuweiten. ◄

Bitten Sie die Teilnehmenden, Teil 2 von *„Übungsblatt 6 (2 von 2)"* auszufüllen. Sie sollen im nächsten Schritt überlegen – auf Basis der Gesundheitsgefährdungen –, was sie verbessern können, und Ansatzpunkte zur Verbesserung ableiten. Hierzu sollen auch konkrete Strategien zur Umsetzung angedacht werden (**Schritt 3**).

> **Beispiel**
>
> Sie haben nun für sich überlegt, wo Sie bereits Ihre Gesundheit fördern, was also gut klappt, und wo Sie vielleicht auch Ihre Gesundheit gefährden. Sie haben auch geschaut, in welchen Gesundheitsbereichen Sie vielleicht gut aufgestellt sind und wo weniger gut. Im nächsten Schritt möchte ich jetzt gerne, dass Sie für sich überlegen, wie Sie noch besser für sich sorgen können.
>
> Überlegen Sie, welche Punkte es gibt, die Sie noch besser machen können, und auch, was konkret dabei helfen würde, diese Punkte umzusetzen. Dafür nehmen Sie sich den zweiten Teil von *Übungsblatt 6 (2 von 2)* vor.
>
> Alles hat seinen Preis. Wenn wir etwas mehr oder anders tun, müssen wir meist auf etwas anderes verzichten. Gute Absichten werden häufig nicht umgesetzt, weil wir den Preis nicht bedacht haben oder doch nicht bezahlen wollen. Bitte überlegen Sie, worauf Sie bereit sind ggf. zu verzichten, wenn Sie sich mehr um Ihre Gesundheit kümmern. ◄

Nach Abschluss des dritten Schrittes starten Sie mit einer Austauschrunde (**Schritt 4**). Bitte Sie die Teilnehmenden, sich darüber auszutauschen, was sie und wie sie etwas verändern möchten. Hier sollen vor allem die Umsetzungsstrategien im Vordergrund stehen.

> **Beispiel**
>
> Jetzt, wo jede/ jeder für sich überlegt hat, möchte ich Sie bitten, in einen kleinen Gruppenaustausch in Zweier- bzw. Dreiergruppen zu gehen. Suchen Sie sich je einen Punkt heraus und überlegen Sie gemeinsam, was es zur Umsetzung braucht. Welche Strategien könnten helfen, damit die Umsetzung im Alltag gelingt?
> Bleiben Sie offen und neugierig, was die anderen berichten. Ggf. können Sie sich von anderen inspirieren lassen. Beachten Sie auch hier wieder, dass jeder bzw. jede selbst entscheidet, was er bzw. sie von seiner bzw. ihrer privaten Selbstreflexion mit in die Austauschrunde nimmt. Ihr Übungsblatt müssen Sie keinem zeigen.
> ... ◄

Bitten Sie jeweils eine bzw. einen aus jeder Gruppe, kurz zu berichten, was sich im Austausch ergeben hat (**Schritt 5**).

> **Beispiel**
>
> Wenn alle fertig sind, möchte ich Sie bitten, aus jeder Runde kurz zu berichten, auf welche Strategien Sie gekommen sind.
> Wer möchte beginnen?
> ...
> *Antworten könnten zum Beispiel sein: Ich möchte versuchen, am Wochenende weniger zu arbeiten und mich mehr zu erholen. Es könnte dabei helfen, die Partnerin bzw. den Partner mit an Bord zu holen und sich daran erinnern zu lassen oder sich aktiv eine Erinnerung in den Kalender einzutragen.* ◄

Fassen Sie die interessantesten Punkte noch einmal zusammen und leiten Sie mit der Überblicksfolie der Übungen in die nächste Übung ein.

5.4.2.3.3.2 Übung 3b: Körperübungen

Hierfür benötigen Sie die Folien aus der PowerPoint-Präsentation aus Abschnitt 3.3 Kap. 3 Übung 3b.

Im Folgenden werden sechs Übungen vorgestellt. Die Übungen wurden mit freundlicher Genehmigung von Steffen Strube (Trainer C-Lizenz, Übungsleiter Bw) konzipiert und ausgeführt.

Zeigen Sie Folie „Übung 3b: Mein Gesundheitsverhalten" und leiten Sie in Teil 3b der Übung auf der Ebene des Gesundheitsverhaltens über. Bitten Sie die Teilnehmenden, sich einen Platz im Raum zu suchen, sodass sie auf ihrem Stuhl rundherum ausreichend Platz haben.

5.4 Baustein 3: „SelfCare"

▶ *Anmerkung:* Kraft ist hier nicht zu verwechseln mit täglichem Training oder zum Beispiel körperlichem Fitnesstraining etc. Die Übungen helfen, unsere Muskulatur zu kräftigen, dies tun wir bewusst mit viel Aufmerksamkeit und auf eine bedachte Art und Weise. Hier ist besonders die langsame und fokussierte Ausführung der Bewegungen wichtig, daher liegt der Fokus darauf, sich etwas Gutes zu tun, anstatt im Wettbewerb mit anderen möglichst viele Gewichte zu stemmen oder am schnellsten und weitesten zu laufen.

Beispiel

Sie haben im ersten Teil der Übung die Gesundheitsbereiche kennengelernt. Jetzt möchte ich Ihnen noch ganz konkret Übungen mit an die Hand geben, die vor allem auf den Bereich Entspannung und Ausgleich, aber auch Bewegung abzielen und die Ihrem Körper auch am Arbeitsplatz etwas Gutes tun.

Suchen Sie sich bitte mit Ihrem Stuhl einen Platz im Raum, sodass Sie sich rundum gut bewegen können und ausreichend Platz haben.

Ich habe Übungen mitgebracht, die Ihren Körper aktivieren. Wie führen wir die Übungen gleich durch? Es geht darum, **bewusst zu aktivieren.** Also alle Übungen, die wir gleich durchführen, möchte ich Sie bitten möglichst bewusst durchzuführen. Die Übungen helfen uns, uns darauf zu konzentrieren, was für den Körper angenehm ist, uns und unseren Körper **bewusster wahrzunehmen.** Achten Sie dabei eben bewusst auf Ihren Körper, was er Ihnen sagt.

Die einzelnen Positionen sollten immer nur so weit ausgeführt werden, dass es angenehm leicht ist und ohne Anstrengung und Schmerzen erfolgt. Ein leichtes Spannungsgefühl ist aber okay. Wenn Sie jedoch merken, dass es irgendwo wehtut, gehen Sie nicht weiter. Achten Sie also während der Übungen bitte gut auf sich. Denken Sie bitte auch daran: Es geht nicht um einen Wettkampf.

Im Alltag kommt es oft vor, dass wir „schuften wie ein Ackergaul" und im Autopilot-Modus funktionieren. Wir vergessen aber leider sehr oft, wenn wir eine anstrengende Phase hatten, uns auch aktiv **Ruhe, Entspannung und Ausgleich** zu gönnen und bewusst zu schaffen.

In den Übungen möchte ich daher vor allem den bewussten **Wechsel zwischen Aktivierung und Entspannung** deutlich machen. Diesen Wechsel sollen Sie nicht nur in den Übungen bewusst anwenden, sondern auch mit in Ihren Arbeitsplatz generell nehmen.

Die Übungen bieten also **aktivierende und entspannende, aber auch mobilisierende** Komponenten, denn sie helfen gleichzeitig dabei, den Körper effektiv zu entlasten und Gesundheitsschädigungen vorzubeugen.

Wir werden die Übungen mit möglichst viel Konzentration und auch Achtsamkeit auf uns selbst durchführen. Die Übungen helfen uns auch wahrzunehmen, wie es uns geht, was uns guttut, was uns nicht guttut – ganz bewusst zu testen und zu optimieren.

Die **Aufmerksamkeit** sollte während der Übungen auf das körperliche Empfinden und den Atem gerichtet sein.

Je tiefer und langsamer Sie atmen, umso wirkungsvoller sind die Übungen. Versuchen Sie bitte, die Übungen möglichst langsam und an den Atem angepasst durchzuführen. ◄

Übung zur Körperwahrnehmung (Übung 1)
Nehmen Sie bitte mit den Teilnehmenden die Ausgangsposition ein (Schritt 1) und bitten Sie die Teilnehmenden, ihr Gewicht wiederholend von beiden Füßen auf die Zehenspitzen, auf die rechte Außenkante, auf die Fersen und auf die linke Außenkante zu verlagern und bewusst wahrzunehmen, wie sich der Körper dabei anfühlt. Verwenden Sie gerne die nachfolgenden Instruktionen:

Beispiel

Wir starten mit der Ausgangsposition:

- Stellen Sie sich hüftbreit auf.
- Stellen Sie Ihren ganzen Fuß auf den Boden.
- Ihre Arme lassen Sie locker und entspannt nach unten fallen.
- Ihren Bauch ziehen Sie fest nach innen ein.
- Ihre Beine sind leicht gebeugt.

Nun folgt die Übung:

- Sie stehen mit beiden Füßen fest auf dem Boden.
- Ihr Gewicht verlagern Sie auf die Zehenspitzen.
- Danach auf die rechten Außenkanten der Füße.
- Nun verlagern Sie Ihr Gewicht auf Ihre Fersen.
- Und auf die linken Außenkanten Ihrer Füße.
- Beginnen Sie dann wieder das Gewicht zurück auf die Zehenspitzen zu verlagern.
- Führen Sie die kreisende Bewegung fort.
- Wiederholen Sie die Bewegung circa 5-mal.
- Führen Sie die Übung möglichst bewusst und langsam aus.
- Werden Sie mit Ihren Bewegungen kleiner und pendeln Sie sich in der Ausgangsposition dann langsam wieder fest mit beiden Beinen am Boden ein.

Diese Übung hilft, den eigenen Körper bewusster wahrzunehmen, und schult den Gleichgewichtssinn. ◄

5.4 Baustein 3: „SelfCare"

Nackendrücken (Übung 2)
Für die nächste Übung benötigen die Teilnehmenden eine freie Wand. Haben Sie keine freie Wand für alle Teilnehmenden zur Verfügung, überspringen Sie diese Übung oder machen Sie diese Übung alleine vor und animieren Sie, dass jeder bzw. jede diese für sich zuhause ausprobieren kann.

Diese Übung kräftigt vor allem die Rücken- und Nackenmuskulatur. Ein gekräftigter Nacken und Rücken unterstützen im Alltag einen aufrechten Gang und beugen Rückenbeschwerden vor. Teilnehmende können bei der Ausführung besonders auf das Gefühl im Nacken und im Rücken achten, da hier die Muskulatur bei dieser Übung besonders arbeitet. Gleichzeitig werden die Schultern und die Arme mit aktiviert.

Die Übung besteht wie zuvor beschrieben aus einem Aktivierungs- und einem Entspannungsteil. Leiten Sie die Übung anhand der untenstehenden Instruktionen an.

> **Beispiel**
>
> *Aktivierung*
>
> - Setzen Sie sich vor eine freie Wand (alternativ vor die geschlossene Tür).
> - Für eine aufrechte Sitzposition rutschen Sie mit dem Gesäß so nah wie möglich an die Wand und drücken die Schulterblätter ebenfalls gegen die Wand.
> - Die Beine sind in einer angenehmen Haltung.
> - Strecken Sie die Arme seitlich ab, sodass die Ellenbogen auf Schulterhöhe sind.
> - Der Unterarm zeigt gerade nach oben, die Handflächen berühren die Wand.
> - Bei der gesamten Übung sind Gesäß und Bauch angespannt (Abb. 5.1).
> - Führen Sie beide Arme gleichzeitig über den Kopf nach oben, ohne den Wandkontakt zu verlieren (Abb. 5.2).
> - Die Bewegung wird gestoppt, sobald ein Arm die Wand nicht mehr berühren kann (Abb. 5.3).
> - In der Rückführbewegung gehen Sie bis zur Ausgangsstellung zurück.
> - Wiederholen Sie das Bewegungsmuster 6- bis 8-mal, bevor Sie die Spannung lösen.
> - Machen Sie eine Pause von 30 s.
> - Nutzen Sie diese als Entspannungsphase.
> - Wiederholen Sie die Übung noch 3- bis 5-mal.
> - Wenn alle so weit sind, beenden wir die Übung damit, die Arme langsam wieder nach unten zu nehmen. Bleiben Sie noch einen Moment entspannt sitzen.
>
> *Entspannung*
> Nun ist nach der Aktivierung des Körpers die bewusste Entspannung an der Reihe. Nehmen Sie Ihren Körper bewusst wahr. Nehmen Sie ein paar tiefe Atemzüge und horchen Sie, wie es Ihrem Körper geht. Wo spüren Sie etwas? Was spüren Sie? Wie geht es Ihnen? ◄

Abb. 5.1 Ausgangsposition
Übung 2

Abb. 5.2 Bewegungsablauf
Teil 1 Übung 2

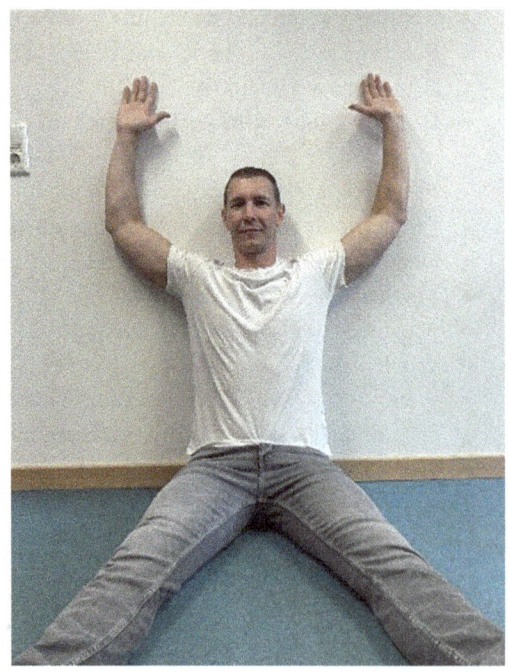

Abb. 5.3 Bewegungsablauf Teil 2 Übung 2

Standing Crawl (Übung 3)

Starten Sie mit der nächsten Übung. Diese Übung aktiviert und kräftigt den Oberkörper, insbesondere Rücken, Schultern und Arme.

> **Beispiel**
>
> *Aktivierung*
> Wir starten mit der Ausgangsposition:
>
> - Stellen Sie sich hüftbreit auf.
> - Stellen Sie Ihren ganzen Fuß auf den Boden.
> - Ihre Arme lassen Sie locker und entspannt nach unten fallen.
> - Ihren Bauch ziehen Sie fest nach innen ein.
> - Ihre Beine sind leicht gebeugt.
>
> Nun folgt die Übung:
>
> - Starten Sie nun von der Ausgangsposition und beugen Sie sich mit geradem Oberkörper nach vorne.
> - Die Arme bringen Sie in Verlängerung der Wirbelsäule nach vorne über den Kopf. Strecken Sie diese nach vorne. Ihr Blick ist leicht nach vorne auf den Boden gerichtet.

- Bei der gesamten Übung sind Gesäß und Bauch angespannt.
- Beginnen Sie einseitig mit einem Arm eine Rotationsbewegung (Freistil-/Kraulschwimmtechnik), bis die Arme wieder parallel sind.
- In der Ausgangsposition kontrollieren Sie die Haltung und korrigieren gegebenenfalls. Aus der Ausgangsposition beginnt der andere Arm mit der Rotationsbewegung.
- Wiederholen Sie das Bewegungsmuster 6- bis 8-mal, bevor Sie die Spannung lösen.
- Eine Pause von 30 s nutzen Sie als Entspannungsphase vor den nächsten Durchgängen (3 bis 5 Durchgänge).

Entspannung
Nun ist nach der Aktivierung des Körpers die bewusste Entspannung dran. Nehmen Sie Ihren Körper bewusst wahr. Nehmen Sie ein paar tiefe Atemzüge und horchen Sie, wie es Ihrem Körper geht. Wo spüren Sie etwas? Was spüren Sie? Wie geht es Ihnen? ◄

Kniebeuge (Übung 4)
Bitten Sie die Teilnehmenden, für die nächste Übung auf dem Stuhl Platz zu nehmen.

Diese Übung kräftigt insbesondere die Oberschenkel und das Gesäß. Das gezielte Training der Kniebeuge aus der Sitzposition erleichtert das Aufstehen im Alltag, auch aus tieferen Sitzpositionen (z. B. Autositz). Der Fokus bei der Ausführung liegt neben der akkuraten Körperhaltung in der gezielten Anspannung der Oberschenkel und des Gesäßes.

Die Übung besteht wie zuvor beschrieben aus einem Aktivierungs- und einem Entspannungsteil. Leiten Sie die Übung anhand der untenstehenden Instruktionen an.

Beispiel

Aktivierung

- Nehmen Sie für die nächste Übung auf Ihrem Stuhl Platz.
- Setzen Sie sich in einer aufrechten Sitzposition auf den vorderen Stuhlbereich.
- Stellen Sie Ihre Füße parallel und gerade nach vorne ausgerichtet auf den Boden.
- Die Arme sind in einer locker-gestreckten Haltung vor dem Körper (s. Abb. 5.4).
- Bei der gesamten Übung sind Gesäß und Bauch angespannt und die Knie befinden sich hinter den Fußspitzen.
- Lehnen Sie den Oberkörper langsam nach vorne (s. Abb. 5.5), bis Sie an den Punkt kommen, langsam aufstehen zu können.
- Aus dem aufrechten Stand (s. Abb. 5.6) führen Sie das Bewegungsmuster rückwärts aus. Sie gehen langsam in die Kniebeuge und verlagern dabei Ihren Oberkörper leicht nach vorne, bis Sie wieder im vorderen Stuhlbereich sitzen.

5.4 Baustein 3: „SelfCare"

Abb. 5.4 Ausgangsposition Übung 4

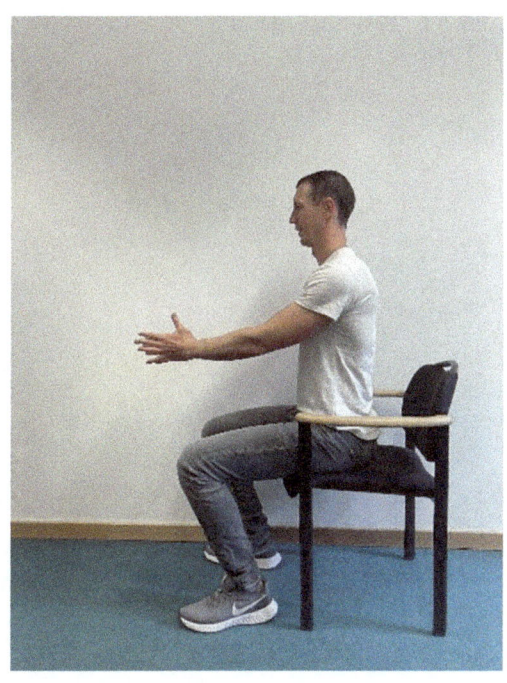

Abb. 5.5 Bewegungsablauf Teil 1 Übung 4

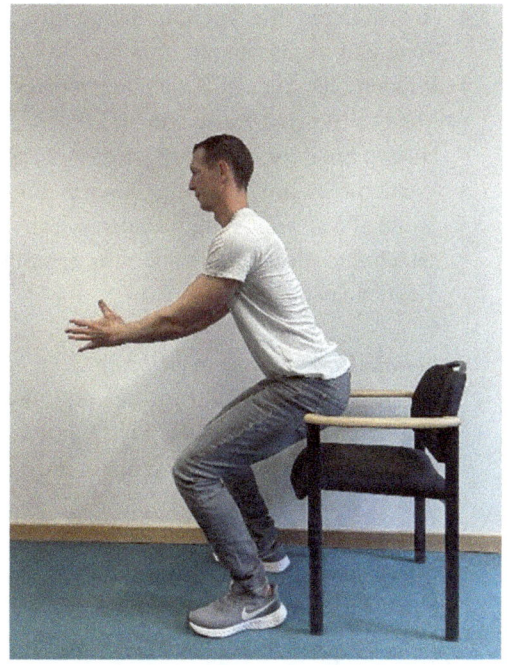

Abb. 5.6 Bewegungsablauf
Teil 2 Übung 4

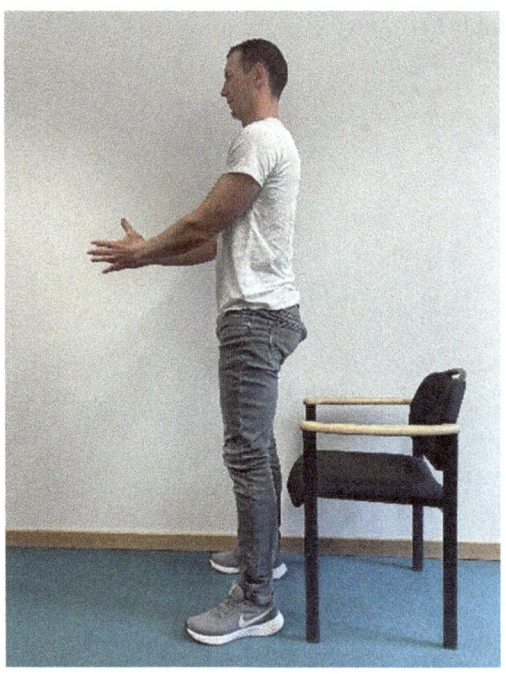

- Kontrollieren Sie vor der nächsten Ausführung Ihre aufrechte Haltung und die Spannung in Gesäß und Bauch.
- Wiederholen Sie das Bewegungsmuster 8-mal, bevor Sie die Spannung lösen.
- Machen Sie eine Pause von 30 s.
- Nutzen Sie diese als Entspannungsphase.
- Wiederholen Sie die Übung noch 3- bis 5-mal.
- Wenn alle so weit sind, beenden wir die Übung damit, sich wieder auf den Stuhl zu setzen und die Arme bequem in den Schoß zu legen. Bleiben Sie noch einen Moment entspannt sitzen.

Optionale Erweiterung der Übung
In der Ausgangsposition strecken Sie abwechselnd ein Bein durch, sodass Sie nur noch ein Standbein haben (s. Abb. 5.7).
Die Ausführung der Übung bleibt unverändert.

Entspannung
Nun ist nach der Aktivierung des Körpers die bewusste Entspannung an der Reihe. Nehmen Sie Ihren Körper bewusst wahr. Nehmen Sie ein paar tiefe Atemzüge und horchen Sie, wie es Ihrem Körper geht. Wo spüren Sie etwas? Was spüren Sie? Wie geht es Ihnen? ◄

5.4 Baustein 3: „SelfCare"

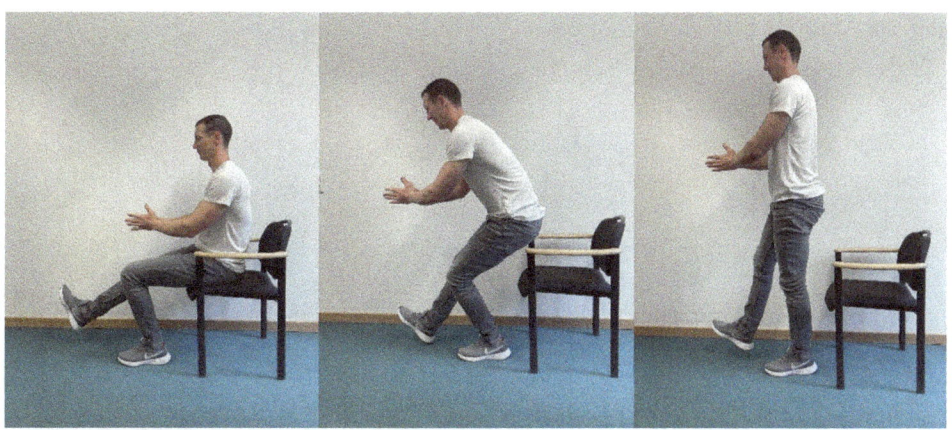

Abb. 5.7 Bewegungsablauf optionale Ergänzung Übung 4

Sit-ups (Übung 5)
Fahren Sie mit der nächsten Übung fort.

Diese Übung kräftigt die Bauchmuskulatur. Das Zurücklehnen, Anheben und Heranziehen der Beine bewirken, dass die Bauchmuskulatur arbeitet und aktiviert wird. Bevor die Bauchmuskeln zu sehr ermüden und der Körper ins Hohlkreuz fällt, ist die Übung zu pausieren und nach kurzer Erholung neu zu beginnen. Die Kräftigung der Bauchmuskulatur unterstützt im Alltag einen aufrechten Gang und beugt Rückenbeschwerden vor.

Diese Übung besteht wie zuvor beschrieben auch wieder aus einem Aktivierungs- und einem Entspannungsteil. Leiten Sie die Übung anhand der untenstehenden Instruktionen an.

> **Beispiel**
>
> *Aktivierung*
>
> - Setzen Sie sich in einer leicht nach hinten gelehnten Sitzposition auf den vorderen Stuhlbereich.
> - Strecken Sie Ihre Beine geschlossen nach vorne und heben Sie sie leicht über den Boden (s. Abb. 5.8).
> - Bei der gesamten Übung sind Gesäß und Bauch angespannt.
> - Variante 1: Winkeln Sie beide Beine an, dabei sollen Ihre Knie so weit wie möglich in Richtung der Schultern gezogen werden, und gehen Sie anschließend über die Streckung wieder in die Ausgangsposition (s. Abb. 5.9).
> - Variante 2: Winkeln Sie **abwechselnd ein** Bein an, dabei sollen Ihre Knie so weit wie möglich in Richtung der Schultern gezogen werden, und gehen Sie anschließend über die Streckung wieder in die Ausgangsposition (s. Abb. 5.10).

Abb. 5.8 Ausgangsposition Übung 5

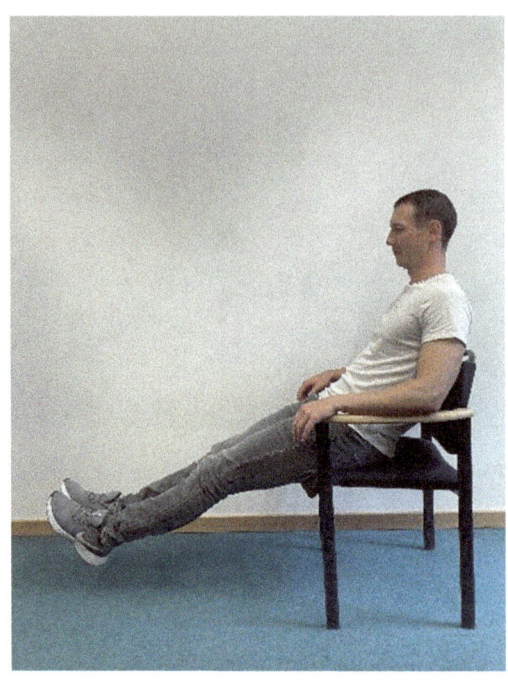

Abb. 5.9 Variante 1 Übung 5

Abb. 5.10 Variante 2 Übung 5

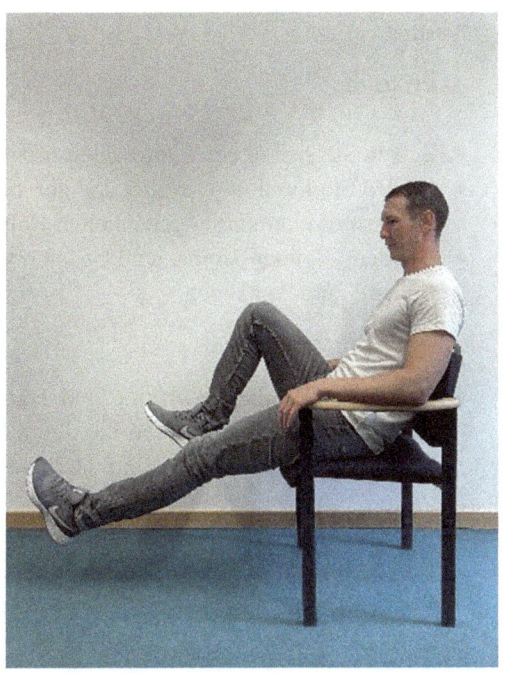

- Wiederholen Sie das Bewegungsmuster 8- bis 12-mal.
- Eine Pause von 30 s nutzen Sie als Entspannungsphase vor den nächsten Durchgängen (3 bis 5 Durchgänge).

Entspannung
Wir haben unseren Körper aktiviert. Nun folgt die Entspannungsphase. Nehmen Sie Ihren Körper bewusst wahr. Nehmen Sie ein paar tiefe Atemzüge und nehmen Sie wahr, wie es Ihrem Körper geht. Wo spüren Sie etwas? Was spüren Sie? Wie geht es Ihnen? ◄

Schulterübung (Übung 6)
Machen Sie mit der letzten Übung weiter.

Diese Übung trainiert den Oberkörper. Die Anspannungen sind von Brust, Nacken und Rücken über die Schultern bis in die Arme zu spüren. Das Heben, Tragen, Ziehen, Schieben – Bewegen von Gegenständen wird im Alltag erleichtert werden. Zudem unterstützt es im Alltag den aufrechten Gang und beugt Rückenbeschwerden vor.

Auch die letzte Übung besteht aus einem Aktivierungs- und einem Entspannungsteil. Leiten Sie die Übung anhand der untenstehenden Instruktionen an.

> **Beispiel**

Aktivierung

- Setzen Sie sich in einer aufrechten Sitzposition auf den vorderen Stuhlbereich.
- Stellen Sie Ihre Füße parallel und gerade nach vorne ausgerichtet auf den Boden.
- Die Arme sind in einer gewinkelten Haltung neben dem Körper.
- Bei der gesamten Übung sind Gesäß und Bauch angespannt und die Schultern sind tief und zurückgezogen.

Position 1
- Platzieren Sie die Unterarme und Hände von außen neben den Armstützen des Stuhls (s. Abb. 5.11). Bauen Sie durch Druck gegen die Armstützen Spannung im Schulter- und Brustbereich auf. Halten Sie die Spannung für 30 s.

Position 2
- Platzieren Sie die Unterarme und Hände von innen neben den Armstützen des Stuhls. Bauen Sie durch Druck gegen die Armstützen Spannung im Schulter- und Rückenbereich auf. Halten Sie die Spannung für 30 s (s. Abb. 5.12).

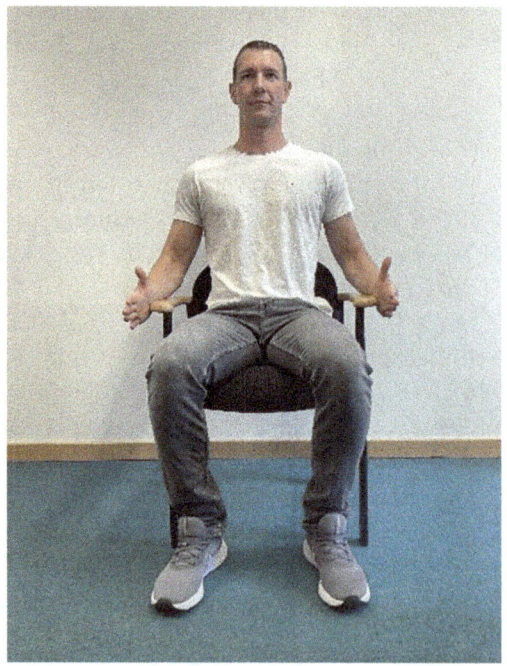

Abb. 5.11 Position 1 Übung 6

Abb. 5.12 Position 2 Übung 6

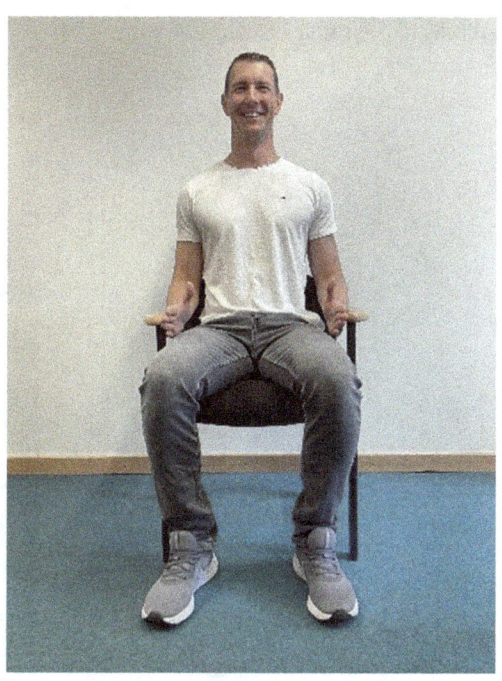

Position 3
- Platzieren Sie die Hände von unten an den Tisch. Bauen Sie durch Druck gegen den Tisch Spannung im Schulter- und Brustbereich auf. Halten Sie die Spannung für 30 s (s. Abb. 5.13).

Position 4
- Platzieren Sie die Hände von oben auf den Tisch. Bauen Sie durch Druck gegen den Tisch Spannung im Schulter- und Rückenbereich auf. Halten Sie die Spannung für 30 s (s. Abb. 5.14).
- Eine Pause von 30 s nutzen Sie als Entspannungsphase vor den nächsten Durchgängen (3 bis 5 Durchgänge).

Entspannung
Mit der Übung haben wir den eigenen Körper aktiviert. Jetzt folgt wieder die Entspannungsphase. Nehmen Sie Ihren Körper bewusst wahr. Nehmen Sie ein paar tiefe Atemzüge und nehmen Sie wahr, wie es Ihrem Körper geht. Wo spüren Sie etwas? Was spüren Sie? Wie geht es Ihnen? ◄

Bitten Sie die Teilnehmenden wieder zurück auf ihre Plätze. Beenden Sie den gesamten Part zu Gesundheitsverhalten mit einem Erfahrungsaustausch zu Möglichkeiten, Bewegungspausen in den Arbeitsalltag einzubauen. Zum Beenden des Parts verwenden Sie die *Übersichtsfolie der Übungen zu SelfCare*.

Abb. 5.13 Position 3 Übung 6

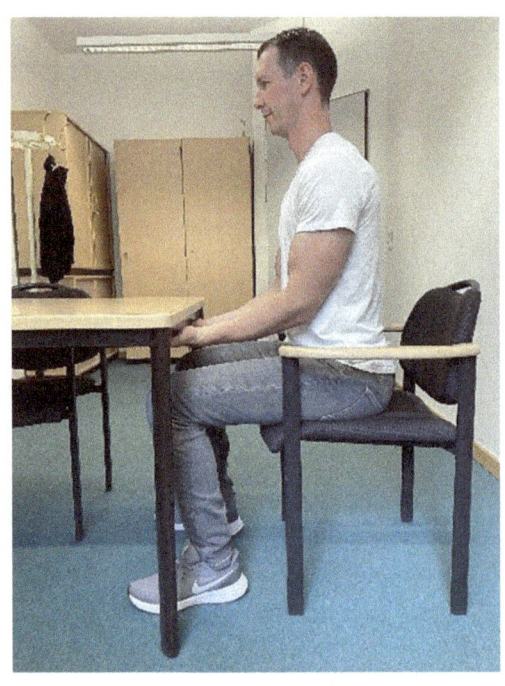

Abb. 5.14 Position 4 Übung 6

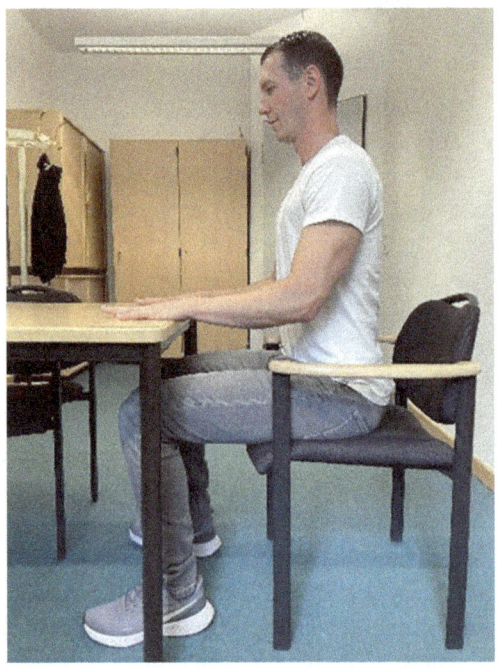

> **Beispiel**
>
> Nehmen Sie jetzt gerne wieder Ihren Stuhl mit zu Ihrem Platz und setzen Sie sich.
>
> Diese Übungen können Sie einfach in Ihren Arbeitsalltag zwischendurch einbauen. Sie helfen, bewusst den Körper zu aktivieren, vor allem wenn Sie lange gesessen haben. So können Sie vor allem frühzeitiger bemerken, wenn etwas nicht stimmt.
>
> Was denken Sie, wo gäbe es Möglichkeiten, Bewegungspausen in Ihren Arbeitsalltag einzubauen? Wie könnte das konkret aussehen?
>
> *(Beispiele für mögliche Antworten bzw. Diskussionsbeiträge: Nach dem Mittagessen direkt noch eine Runde spazieren gehen, eventuell auch als Team, zwischen Mittagspause und Feierabend festen Termin in Kalender setzen und 2 Übungen durchführen usw.)*
>
> Sie haben nun in diesem Übungspart reflektiert, was Sie bereits tun, um Ihre Gesundheit zu fördern, aber auch, wo Sie vielleicht Ihre Gesundheit gefährden. Sie haben auch verschiedene Gesundheitsbereiche kennengelernt. Im Bereich Ausgleich und Entspannung sowie Bewegung haben Sie Übungen kennengelernt, um sich im Alltag ein wenig Bewegung zu gönnen. Die Übungen erinnern Sie daran, nach dem Aktivieren auch aktiv zu entspannen. Die Übungen können Ihnen helfen, ein paar Minuten Abstand von Ihrem Arbeitsalltag zu erhalten. ◄

5.4.2.3.4 Übung 4: Vorbild sein

Hierfür benötigen Sie die *Folien aus der PowerPoint-Präsentation aus Abschnitt 3.3 Kp. 3 Übung 4.*

Leiten Sie in die nächste Übung ein. In dieser Übung geht es um die Vorbildwirkung.

Zum Einstieg lassen Sie im Plenum Beispiele sammeln, wie man ein gutes und ein weniger gutes Vorbild bezogen auf die Gesundheit sein kann (**Schritt 1**). Notieren Sie die Beispiele auf dem *„Flipchart 7: Vorbildwirkung: Beispiele"*. Verwenden Sie am besten für die positiven und negativen Beispiele zwei verschiedene Farben.

Zum Abschluss fragen Sie in die Runde, warum es überhaupt wichtig sein könnte, ein gutes Vorbild zu sein (**Schritt 2**).

Im nächsten Schritt geht es darum, die Teilnehmenden reflektieren zu lassen, inwiefern sie ein gutes Vorbild in Richtung Gesundheit sind und wo sie (noch) kein so gutes Vorbild sind, um sich über ihr eigenes Vorbildverhalten bewusst zu werden (**Schritt 3**). Danach sollen Verbesserungsmöglichkeiten abgeleitet werden. Nutzen Sie dafür *„Übungsblatt 7: Ich als Vorbild"*. Bitten Sie die Teilnehmenden, in ihrer Trainingsmappe das Übungsblatt aufzuschlagen und die Fragen zu beantworten. Erklären Sie kurz das Übungsblatt.

Bitten Sie alle Teilnehmenden, einen Punkt, wo sie ein gutes und ein nicht so gutes Beispiel sind, auf eine Karte zu schreiben. Jeder hat also zwei Karten. Verwenden Sie rote Karten für „nicht so gutes Vorbildverhalten" und grüne Karten für „gutes Vorbildverhalten".

Sammeln Sie die Karten ein. Suchen Sie einige Beispiele für „gute" und „nicht so gute" Vorbildwirkung heraus und pinnen Sie diese Karten an die Metaplanwand (**Schritt 4;** empfohlen mind. 1 für gutes und 1 für nicht so gutes Vorbildverhalten).

Anhand der Beispiele soll im Plenum erarbeitet werden, welche Auswirkungen das Verhalten der Führungskraft auf die Mitarbeitenden haben könnte. Gehen Sie bitte jede Karte einzeln durch und erarbeiten Sie Auswirkungen auf die Mitarbeitenden.

Optional (bei ausreichend Zeit):
Wenn genügend Zeit ist, regen Sie abschließend mithilfe folgender Fragen zu einem kurzen Erfahrungsaustausch an (**Schritt 5**):

- Was denken Sie über die Bedeutung der Vorbildwirkung?
- Wird die Vorbildwirkung eher über- oder eher unterschätzt?

Beispiel

Beispiele für Vorbildverhalten (Schritt 1)
Im nächsten Übungspart geht es um die Vorbildwirkung.

Ich möchte zum Einstieg gerne mit Ihnen ein paar Beispiele für gutes Vorbildverhalten in Bezug auf Gesundheit sammeln (Schritt 1). *(Beispiele für mögliche Antworten bzw. Diskussionsbeiträge: Führungskraft XY nimmt sich regelmäßig Zeit für Pausen, ... delegiert Aufgaben an die Mitarbeitenden, ... setzt klare Prioritäten, ... macht regelmäßig Sport usw.)*

Was kennen Sie für Beispiele für weniger gutes Vorbildverhalten? *(Beispiele für mögliche Antworten bzw. Diskussionsbeiträge: Führungskraft XY arbeitet häufig abends und am Wochenende, ... kann nicht „nein" sagen und möchte alles sofort erledigen, ... möchte überall beteiligt werden, ... kommt krank zur Arbeit usw.)*

Plenumsdiskussion: Wichtigkeit der Vorbildwirkung (Schritt 2)
Warum könnte es überhaupt wichtig sein, ein gutes Vorbild zu sein? *(Schritt 2; Beispiele für mögliche Antworten bzw. Diskussionsbeiträge: Führungskraft kann so positiven Einfluss auf Gesundheit der Mitarbeitenden nehmen, durch vorbildliches Verhalten können sich Mitarbeitende etwas „abschauen", Vorbildwirkung kann für Mitarbeitende eine Motivation und eine Art Legitimation darstellen, auch etwas für ihre Gesundheit tun zu dürfen, Mitarbeitende bekommen schlechtes Gewissen, wenn sie krank zuhause bleiben, ... fühlen sich ermutigt, auch auf Pausen zu achten usw.).*

Selbstreflexion (Schritt 3)
Wir haben jetzt einige Beispiele gesammelt, wie man ein gutes Gesundheitsvorbild sein kann. Jetzt möchte ich Sie bitten, zu reflektieren, inwiefern Sie mit Blick auf Gesundheit ein gutes Vorbild sind und wo Sie (noch) kein so gutes Vorbild sind, um daraus für sich Verbesserungsmöglichkeiten ableiten zu können (Schritt 3). Nutzen Sie bitte dafür „*Übungsblatt 7: Ich als Vorbild" (1 von 2)* und beantworten Sie

5.4 Baustein 3: „SelfCare"

für sich die Fragen. Erst überlegen Sie, inwiefern Sie gesundheitlich ein gutes Vorbild sind und wo ein nicht so gutes. Im nächsten Schritt überlegen Sie bitte, welche Auswirkungen das auf Ihre Mitarbeitenden haben könnte.

...

Ich möchte Sie jetzt bitten – Sie kennen das aus anderen Übungen –, zu überlegen, wie Sie vielleicht ein noch besseres Vorbild sein können.
Dafür benutzen Sie den zweiten Teil von *Übungsblatt 7 (2 von 2)* aus Ihrer Trainingsmappe.
Legen Sie los.

Gemeinsame Erarbeitung der Auswirkungen von Vorbildverhalten (Schritt 4)
Wenn alle fertig sind, wählen Sie sich von Ihrem Übungsblatt einen positiven und einen negativen Punkt heraus und schreiben den positiven auf eine grüne Karte und den negativen auf eine rote Karte (Schritt 4).

Anhand einiger Karten möchte ich jetzt gemeinsam erarbeiten, welche Auswirkungen diese positiven und negativen Vorbildverhaltensweisen auf Ihre Mitarbeitenden haben können.

Starten wir mit der ersten Karte. Was meinen Sie, welche Auswirkungen hat dieses Verhalten auf die Mitarbeitenden?

Erfahrungsaustausch (optional; Schritt 5)

- Abschließend, was denken Sie über die Bedeutung der Vorbildwirkung?
- Wird die Vorbildwirkung eher über- oder eher unterschätzt? ◄

Schließen Sie mit der *Überblicksfolie zu den Übungen zu SelfCare* ab und weisen Sie auf das Handout hin („*Handout 2: Vorbildwirkung: Alles auf einen Blick*" in der Trainingsmappe). Erklären Sie und fassen Sie zusammen, warum die Vorbildfunktion so wichtig ist.

Beispiel

Aus der gemeinsamen Erarbeitung möchte ich noch einmal die Vorbildwirkung auf den Punkt bringen und für Sie zusammenfassen. Diese haben Sie auch nochmal in Ihrer Trainingsmappe auf Handout 2 zusammengefasst dargestellt.

Auf der SelfCare-Seite haben wir Sie als Führungskraft und wie Sie mit Ihrer Gesundheit umgehen, wo Sie sie fördern, wo Sie sie gefährden. Das kann Auswirkungen auf die Mitarbeitenden haben und darauf, wie diese mit sich und ihrer Gesundheit umgehen.

Wenn Führungskräfte ihre Gesundheit fördern und gut mit sich umgehen, kann dies eine Anregung und Ermutigung für die Mitarbeitenden sein, dass diese auch etwas Gutes für ihre Gesundheit tun. Wenn Mitarbeitende vielleicht schon selbst viel für sich und ihre Gesundheit tun, kann das positive Gesundheitsverhalten der Führungskraft auch eine Bestätigung sein.

Andererseits, wenn die Führungskraft ihre Gesundheit vielleicht gefährdet, also keine Pausen macht, sich wenig bewegt, nicht für regelmäßigen Ausgleich sorgt, kann dies eine Warnung für die Mitarbeitenden sein, also sozusagen als negatives Vorbild wirken. Mitarbeitende könnten denken, dass sie selbst so nicht werden möchten. Es könnte auch zu einer Abgrenzung kommen.

Ein negatives Vorbild kann aber auch Druck und Schuld aufbauen. Druck vielleicht in der Hinsicht, dass die Mitarbeitenden denken, sie müssten auch viel arbeiten, Pausen ausfallen lassen usw. Schuld vielleicht in der Hinsicht, dass sie sich selbst die Schuld geben, dass die Führungskraft überarbeitet ist und nicht für sich selbst sorgen kann. Sie könnten auch das Gefühl haben, etwas zu kompensieren, und das Bedürfnis haben, ihrer Führungskraft zu helfen, zum Beispiel ihr Arbeit abzunehmen. Das negative Vorbildverhalten könnte aber auch dazu führen, dass Mitarbeitende angesteckt werden und sich an diesen Stil anpassen.

Sie sehen also, Ihr Verhalten, Ihre SelfCare, also Ihre Vorbildwirkung kann viele verschiedene Auswirkungen auf Ihre Mitarbeitenden haben.

Damit möchte ich diesen Übungspart gerne abschließen. ◄

5.4.2.3.5 Übung 5: Crossover-Effekt

Hierfür benötigen Sie die *Folien aus der PowerPoint-Präsentation aus Abschnitt 3.3 Kp. 3 Übung 5.*

Zur Einleitung der Übung können Sie gerne die Teilnehmenden fragen, wer sich erinnert, was der Crossover-Effekt ist. Bitten Sie eine*n Teilnehmende*n, den Crossover-Effekt anhand der Folie zu erläutern.

Beispiel

Weiter geht es mit dem Crossover-Effekt. Ein weiterer der vier Einflusswege. Wer kann sich noch erinnern, was dieser Einflussweg meint? ◄

Selbstcheck (Optional; Schritt 1)

Im nächsten Schritt soll es erst einmal um einen Selbstcheck gehen. Dieser kann optional auch als Aufgabe für zuhause mitgegeben werden.

Die Teilnehmenden sollen eruieren, wie es um ihre Gesundheit steht. Hierfür bitten Sie die Teilnehmenden, *„Übungsblatt 8: Gesundheitscheck"* aus ihrer Trainingsmappe aufzuschlagen und die Fragen zu beantworten. Bitten Sie sie weiterhin, ihre persönliche Auswertung vorzunehmen und die Werte im HoL-Profil zu ergänzen *("Übungsblatt 3: Mein HoL-Profil: Auswertung").*

> **Beispiel**
>
> Um in den Crossover-Effekt richtig einzusteigen, ist es zunächst einmal wichtig, Aufschluss darüber zu bekommen, wie es um die eigene Gesundheit steht.
> Hierfür habe ich Ihnen das *„Übungsblatt 8: Gesundheitscheck"* mitgebracht. Hiermit können Sie dann anschließend Ihr HoL-Profil ergänzen.
> Nehmen Sie sich einen Moment Zeit, um den Selbstcheck auszufüllen.
> Wenn alle so weit sind, können Sie anhand der rechten Spalte Ihre Auswertung vornehmen und die Werte in Ihr HoL-Profil auf das *„Übungsblatt 3: Mein HoL-Profil: Auswertung"* übertragen.
> Schauen Sie sich dann einmal Ihr Profil an. Wo stehen die Werte, im roten oder im grünen Bereich? Prüfen Sie für sich selbst. ◄

Crossover-Situationen und Selbstreflexion (Schritt 2 und 3)
Im nächsten Schritt geht es darum, zu überlegen, wie sich die Stimmung und das Befinden der Führungskraft konkret auf ihre Mitarbeitenden auswirken können **(Schritt 2)**. Wenn Führungskräfte ausgeglichen und entspannt sind, hat dies positive Auswirkungen auf ihre Mitarbeitenden. Wenn sie jedoch unausgeglichen und belastet sind, kann dies dazu führen, dass sie im Kontakt mit ihren Mitarbeitenden möglicherweise gereizt oder harsch reagieren.

Bitten Sie die Teilnehmenden, hierfür *„Übungsblatt 9: Crossover-Effekt"* aufzuschlagen und die Fragen zu beantworten.

Zum Abschluss lassen Sie sich von den Teilnehmenden Situationen und Beispiele nennen und sammeln diese auf *„Flipchart 8: Crossover-Effekt: Beispiele"* **(Schritt 3)**.

Schließen Sie die Übung zum Crossover-Effekt mit der *Übersichtsfolie zu den Übungen zu SelfCare* ab. Beenden Sie danach den Baustein SelfCare, indem Sie nochmal kurz Revue passieren lassen, was im SelfCare-Baustein Thema war, und leiten Sie in den nächsten Baustein über. Verwenden Sie hierfür die *Übersichtsfolie zu den Bausteinen*.

> **Beispiel**
>
> Im nächsten Schritt geht es darum, herauszufinden, wie sich Ihre Stimmung und Ihr Befinden konkret auf Ihre Mitarbeitenden auswirken können. Hierfür möchte ich Sie bitten, das *„Übungsblatt 9: Crossover-Effekt" in Ihrer* Trainingsmappe aufzuschlagen und die Fragen zu beantworten.
> Zum Abschluss möchte ich gerne Situationen und Beispiele für den Crossover-Effekt noch einmal sichtbar sammeln.
> Was kann ich festhalten?
> Was sind die wichtigsten Learnings für Sie zum Crossover-Effekt?

Dann lassen Sie uns einen Haken hinter den Crossover-Effekt machen!

In diesem Baustein haben Sie für sich erfahren, was SelfCare ist und wie es um Ihre SelfCare steht. Sie haben fünf Übungen im SelfCare-Baustein durchlaufen, wie Sie die eigene SelfCare verbessern können. Damit sind wir am Ende des Bausteins angekommen. Im nächsten Baustein gehen wir zu StaffCare über. ◀

5.5 Baustein 4: „StaffCare"

5.5.1 Übersicht

In diesem Baustein lernen die Teilnehmenden die Facetten von StaffCare kennen. Im ersten Schritt erhalten sie die Möglichkeit zum Selbstcheck bzw. zur Reflexion ihrer eigenen gesundheitsorientierten Mitarbeiterführung. Sie haben mit diesem Selbstcheck nun ihr eigenes vollständiges Profil der gesundheitsorientierten Führung (mit SelfCare aus Baustein 3 und StaffCare).

Mit Blick auf die Facette Wichtigkeit klären die Teilnehmenden, warum Führungskräfte sich um die Gesundheit der Mitarbeitenden kümmern sollten. Hier soll für den Nutzen sensibilisiert werden, den die Gesundheitsförderung der Mitarbeitenden bringt. Die Teilnehmenden können anhand einer Selbstreflexionsübung ihre gesundheitsorientierte Führungsmotivstruktur identifizieren.

In Bezug auf die Facette Achtsamkeit werden die Teilnehmenden mit potenziellen Warnsignalen der Mitarbeitenden bekannt gemacht und erfahren, wie sie diese erkennen können.

Auf der Verhaltensebene reflektieren die Teilnehmenden, was bereits gut auf dem direkten und indirekten Einflussweg funktioniert, und identifizieren Verbesserungsmöglichkeiten.

Auf der Verhaltensebene wird zusätzlich BGM thematisiert. Hier erfahren die Teilnehmenden, welchem BGM-Führungskräfte-Typ sie am ehesten entsprechen.

Zum Abschluss werden anhand von Videos mit Mitarbeitenden-Prototypen Möglichkeiten, wie Führungskräfte ihre Mitarbeitenden zu BGM motivieren können, und Handlungsmöglichkeiten im Umgang mit den jeweiligen Prototypen erarbeitet.

In Tab. 5.4 ist eine Übersicht über Baustein 4 „StaffCare" dargestellt.

5.5.2 Vorgehen

5.5.2.1 Kap. 1: Was ist das? Merkmale von StaffCare

Hierfür benötigen Sie die *Folien aus der PowerPoint-Präsentation aus Abschnitt 4: „Teil 4.1 Kp. 1 Was ist das?"*.

Steigen Sie in den nächsten Baustein ein. Erläutern Sie die Subfacetten von StaffCare und beschreiben Sie dabei, was gesundheitsorientierte Mitarbeiterführung ausmacht.

5.5 Baustein 4: "StaffCare"

Tab. 5.4 Übersicht über Baustein 4: „StaffCare"

Zielsetzung und Inhalte	Kernfragen
• Kennenlernen der Merkmale von StaffCare • Möglichkeit zum Selbstcheck über StaffCare; Reflexion der eigenen gesundheitsorientierten Mitarbeiterführung • Abklärung der Motive für eine gesundheitsorientierte Führung • Reflexion über die Frage, warum Führungskräfte sich um die Gesundheit der Mitarbeitenden kümmern sollten • Teilnehmende mit potenziellen Warnsignalen der Mitarbeitenden bekannt machen und wie sie diese erkennen können • Reflexion über eigenes Verhalten auf direktem und indirektem Einflussweg • Möglichkeit zum BGM-Führungskräfte-Typen-Selbstcheck • Möglichkeiten erarbeiten, wie Führungskräfte ihre Mitarbeitenden zu BGM motivieren können (anhand von Fallbeispielen); Entwicklung von Handlungsmöglichkeiten	• Was ist StaffCare genau? • Wie ist StaffCare bei mir ausgeprägt? • Wie sehr bin ich motiviert, gesundheitsorientiert zu führen? • Was kann ich besser machen? (Ansatzpunkte auf Facette Wichtigkeit, Achtsamkeit, Verhalten, direkter und indirekter Weg) • Welcher BGM-Führungskräfte-Typ bin ich? • Wie gelingt es mir, meine Mitarbeitenden zu BGM zu motivieren?
Dauer	**Varianten**
Ca. 120 bis 180 min	Keine
Material	**Besondere Hinweise**
• PowerPoint-Präsentation: Abschnitt 4 [Baustein 4: StaffCare][4] • Übungsblatt 10: StaffCare-Profil: Selbstcheck • Übungsblatt 11: StaffCare-Profil: Beispiel • Übungsblatt 3: Mein HoL-Profil: Auswertung • Übungsblatt 12: Motivation für gesundheitsorientierte Führung: Meine Motivstruktur: Selbstcheck • Übungsblatt 13: Motivation für gesundheitsorientierte Führung: Meine Motivstruktur: Auswertungsbeispiel • Übungsblatt 14: Motivation für gesundheitsorientierte Führung: Meine Motivstruktur: Auswertung • Übungsblatt 15: Checkliste zur Erkennung von Warnsignalen	Keine

(Fortsetzung)

---

[4] Die PowerPoint-Präsentation ist in unterschiedliche Trainingsabschnitte eingeteilt, die die Bausteine repräsentieren. Jeder Abschnitt von 1 bis 5 ist in einzelne Schritte bzw. Kapitel eingeteilt. Diese finden Sie in PowerPoint im Reiter „Ansicht" > Foliensortierung wieder. Die Einteilung der Folien hilft Ihnen zu wissen, wann welcher Folienteil zum Einsatz kommt.

Tab. 5.4 (Fortsetzung)

Zielsetzung und Inhalte	Kernfragen
• Übungsblatt 16: Direkter Weg: Kommunikation & Interaktion • Übungsblatt 17: Indirekter Weg über Arbeitsbedingungen • Übungsblatt 18: Absicht: Was möchte ich umsetzen • Übungsblatt 19: Welcher Führungskraft-BGM-Typ sind Sie? Selbstcheck • Übungsblatt 20: Welcher Führungskraft-BGM-Typ sind Sie? Auswertung • Übungsblatt 21: BGM und meine Mitarbeitenden: Fallbeispiel 1: Bernd Reinhold • Übungsblatt 22: BGM und meine Mitarbeitenden: Fallbeispiel 2: Ute Ahrendt • Übungsblatt 23: BGM und meine Mitarbeitenden: Fallbeispiel 3: Stefan Kramer • Flipchart 9: Direkter Einflussweg: Beispiele • Flipchart 10: Indirekter Einflussweg: Beispiele • Handlungsleitfaden 1 (in der Trainingsmappe) • 3 Videos	

> **Beispiel**
>
> Ich möchte mit Ihnen jetzt gerne tiefer zum Kern von gesunder Führung kommen: nämlich zur StaffCare.
>
> StaffCare besteht aus denselben drei Facetten, die Sie bereits von SelfCare kennen. Zusammen beschreiben sie, was StaffCare ist: Wichtigkeit, Achtsamkeit und Verhalten:
>
> - Mit **Wichtigkeit** sind gesundheitsbezogene Einstellungen und Wertorientierungen gemeint. Wichtigkeit beschreibt, inwiefern Ihnen als Führungskräften die Gesundheit der Mitarbeitenden wichtig ist und Sie sich für die Gesundheit verantwortlich fühlen.
> - Auch für StaffCare ist zentral, dass die Wichtigkeit nur verhaltenswirksam wird, wenn **Achtsamkeit** vorhanden ist. Was heißt Achtsamkeit im Kontext von StaffCare? Auf StaffCare bezogen heißt Achtsamkeit, dass Führungskräfte die Fähigkeit besitzen, den Gesundheitszustand und das Stresserleben der Beschäftigten bewusst wahrzunehmen, die individuellen Frühwarnsignale adäquat einschätzen zu können und Warnsignale von Überforderung erkennen zu können.
> - Wird die Gesundheit als wichtig eingeschätzt und werden Warnsignale bei den Mitarbeitenden wahrgenommen, können entsprechende Maßnahmen ergriffen werden. Wichtigkeit und Achtsamkeit sind somit auch für StaffCare Voraussetzungen

für **gesundheitsförderliches Führungsverhalten.** Die „Verhaltens-Komponente" ist auch für StaffCare in die drei Aspekte gesundheitsförderliches Verhalten, gesundheitsschädigendes Verhalten und den Lebensstil unterteilt. Die Verhaltenskomponente beschreibt, inwieweit sich Führungskräfte aktiv gesundheitsförderlich ihren Beschäftigten gegenüber verhalten (z. B. indem sie für eine gesundheitsgerechte Arbeitsgestaltung sorgen, sie zu gesundheitsförderlichem Verhalten motivieren oder ihnen entsprechende Ressourcen zur Verfügung stellen) oder sogar deren Gesundheit gefährden (z. B. indem sie ihnen zu viel zumuten). Zu gesundheitsförderlichen Verhaltensweisen zählt beispielsweise auch, Beschäftigten die Teilnahme an Angeboten des Betrieblichen Gesundheitsmanagements (BGM) zu ermöglichen und sie dazu zu motivieren, aber auch die Gestaltung der Arbeitsbedingungen. „StaffCare-Lebensstil" beschreibt, inwieweit eine Führungskraft ihre Mitarbeitenden zu einem gesunden Lebensstil auch außerhalb der Arbeitszeit motiviert und ermutigt. ◄

5.5.2.2 Kap. 2: Wie sieht es bei mir aus? (Selbstcheck StaffCare)

Hierfür benötigen Sie die *Folien aus der PowerPoint-Präsentation aus Abschnitt 4: „Teil 4.2 Kp. 2 Wie sieht es bei mir aus?"*.

Leiten Sie bitte in den nächsten Abschnitt ein und bereiten Sie die Teilnehmenden darauf vor, dass es nun um die Frage geht, wie StaffCare bei ihnen ausgeprägt ist.

Bitten Sie die Teilnehmenden, den StaffCare-Selbstcheck in ihrer Trainingsmappe aufzuschlagen und *„Übungsblatt 10: StaffCare-Profil: Selbstcheck"* auszufüllen (**Schritt 1**).

Nachdem alle fertig ausgefüllt haben, bitten Sie die Teilnehmenden, den Auswertungsanweisungen zu folgen und ihr persönliches StaffCare-Profil zum SelfCare-Profil zu ergänzen *(„Übungsblatt 3: Mein HoL-Profil: Auswertung")*. Ein Beispiel für die Erstellung des StaffCare-Profils wird auf *„Übungsblatt 11: StaffCare-Profil: Beispiel"* gegeben.

Fragen Sie auch, inwieweit die Teilnehmenden mit ihrem StaffCare-Profil zufrieden sind, auch im Vergleich zu ihrem SelfCare-Profil (**Schritt 2**).

Beispiel

Selbstcheck und eigene Auswertung (Schritt 1)
Jetzt haben Sie im ersten Schritt erfahren, was StaffCare genau bedeutet. Im weiteren Schritt soll es um die Frage gehen, wie gut Ihnen StaffCare bereits gelingt.

Hierfür habe ich Ihnen auch wieder einen Selbstcheck mitgebracht. Schlagen Sie bitte hierfür Ihre Trainingsmappe *Übungsblatt 10* auf und füllen Sie den Selbstcheck aus.

Wenn alle fertig sind, möchte ich Sie bitten, Ihre persönliche Auswertung vorzunehmen. Die Auswertungshinweise finden Sie jeweils am rechten Rand. Wenn Sie für jede Facette einen Wert berechnet haben, tragen Sie diesen in die dafür vorgesehenen Kästchen ein. Danach zeigt Ihnen das *„Übungsblatt 11: StaffCare-Profil: Beispiel"*, wie Sie zu Ihrem persönlichen StaffCare-Profil kommen.

Nehmen Sie jetzt *„Übungsblatt 3: Mein HoL-Profil"* und versehen Sie das Profil mit Ihren Werten bei StaffCare und machen Sie Kreuze für Ihre Werte. Verbinden Sie die Linien anschließend.

Schauen Sie sich Ihr Profil an. Das Profil zeigt Ihnen, wo Sie in einem roten, also einem Risikobereich liegen, in einem neutralen mittleren Bereich, das ist der graue Bereich in der Mitte, oder im grünen, positiven Bereich sind. Die schwarzen Punkte sind Werte aus unserer Normstichprobe. So sehen Sie, wo Ihre Werte im Vergleich zu dieser liegen. Das kennen Sie bereits aus dem SelfCare-Baustein.

Erfahrungsaustausch (Schritt 2)
Wie zufrieden sind Sie mit Ihrem StaffCare-Profil? Auch im Vergleich zum SelfCare-Profil?
...

5.5.2.3 Kap. 3: Wie kann ich mich verbessern? Übungen zu StaffCare

5.5.2.3.1 Übung 1: Warum sollte ich mich um die Gesundheit der Mitarbeitenden kümmern? (Gesundheitsorientierte Führungsmotivation)

Hierfür benötigen Sie die Folien aus der PowerPoint-Präsentation aus Abschnitt 4: *„Teil 4.3 Kp. 3 Wie kann ich mich verbessern?"*.

In diesem Kapitel geht es um die Frage, wie die Teilnehmenden ihre eigene StaffCare noch weiter verbessern können. Geben Sie den Teilnehmenden einen kurzen Überblick über die Übungen, die in diesem Kapitel anstehen.

Beginnen Sie mit der ersten Übung. Verwenden Sie hierfür bitte die *Folien aus der PowerPoint-Präsentation aus Abschnitt 4: „Teil 4.3 Kp. 3 Übung 1"*.

Wiederholen Sie dafür noch einmal kurz, was Wichtigkeit von StaffCare bedeutet. Alternativ können Sie auch in die Runde fragen und jemanden bitten, noch einmal zu wiederholen, was die Facette Wichtigkeit von StaffCare meint (**Schritt 1**).

Es gibt verschiedene Gründe, warum Führungskräften die Förderung der Gesundheit ihrer Mitarbeitenden wichtig ist. Um diese Gründe besser zu verstehen, ist es wichtig, sich mit den dahinterliegenden Motiven zu beschäftigen. Erklären Sie in diesem Zuge den Begriff Führungsmotivation.

Die Teilnehmenden haben nun die Gelegenheit, ihre Motivation für gesundheitsorientierte Führung und ihre Motivstruktur zu identifizieren. Steigen Sie daher in das Thema Führungsmotivation und gesundheitsspezifische Führungsmotivation ein (**Schritt 2**) und bitten Sie die Teilnehmenden, in ihrer Trainingsmappe das *„Übungsblatt 12: Motivation für gesundheitsorientierte Führung: Meine Motivstruktur: Selbstcheck"* aufzuschlagen und die Fragen zu beantworten (**Schritt 3**). Anschließend bitten Sie die Teil-

5.5 Baustein 4: "StaffCare"

nehmenden, ihre eigene Auswertung anhand der rechten Spalte vorzunehmen und ihre Werte in das Profil auf *„Übungsblatt 14: Motivation für gesundheitsorientierte Führung: Meine Motivstruktur: Auswertung"* zu übertragen (**Schritt 4**). *„Übungsblatt 13: Motivation für gesundheitsorientierte Führung: Meine Motivstruktur: Auswertungsbeispiel"* dient dabei als Beispiel.

Machen Sie dann einen Erfahrungsaustausch zu unterschiedlichen Konstellationen der Führungsmotive und deren Bedeutung (**Schritt 5**).

Verwenden Sie hierfür die folgenden Fragen:

- Was sind mögliche Chancen und Risiken dieser Motivationsquellen?
- Was bedeuten unterschiedliche Motivstrukturen? Zum Beispiel hoch affektiv, moderat kalkulatorisch und wenig normativ (Führungskraft 1) im Vergleich zu hoch normativ und wenig kalkulatorisch und affektiv (Führungskraft 2)? Wie sehr werden sich die beiden Führungskräfte im Vergleich für gesundheitsorientierte Führung engagieren?
- Mit Blick auf Ihre eigene Motivstruktur: Welches der Motive ist am stärksten ausgeprägt, welches eher weniger? Welche Muster sind erkennbar?
- Was denken Sie außerdem noch, warum Sie sich um die Mitarbeitergesundheit kümmern sollten? Was bringt Ihnen das, was spricht also dafür, was spricht dagegen?

Fassen Sie die in der Diskussion entstandenen Punkte noch einmal zusammen. Erläutern Sie, dass das Erkennen des Stellenwerts der Mitarbeitergesundheit eine wichtige Voraussetzung dafür ist, überhaupt auf die Gesundheit der Mitarbeitenden zu achten, also ein Auge darauf zu haben, und dann auch dafür, um rechtzeitig Gegenmaßnahmen ergreifen zu können.

Leiten Sie dann mit der *Folie zur Übungsübersicht* in die nächste Übung ein.

Beispiel

Einstieg (Schritt 1 und 2)
Im ersten Kapitel haben wir uns mit der Frage beschäftigt, was StaffCare überhaupt ist und wie es bei Ihnen ausgeprägt ist. Im nächsten Kapitel soll uns die Frage beschäftigen, wie Sie StaffCare verbessern können. Hierfür gehen wir wieder, wie Sie es von SelfCare kennen, auf die drei Facetten von StaffCare und auch auf zwei der vier Einflusswege, die für StaffCare relevant sind, ein. Insgesamt erwarten Sie 5 Übungen.

Lassen Sie uns mit dem Thema Wichtigkeit beginnen.

Wer erinnert sich noch, was diese Facette für StaffCare bedeutet?

Genau, die Wichtigkeit bezieht sich auf gesundheitsbezogene Werteorientierungen, also wie wichtig Sie die Gesundheit Ihrer Mitarbeitenden einschätzen und auch für sich selbst in Ihrem Führungshandeln priorisieren. Anders ausgedrückt geht es darum, ob Sie sich für die Gesundheit Ihres Teams verantwortlich fühlen. Dieser Frage wollen wir mal näher auf den Grund gehen.

Es gibt verschiedene Gründe, warum Führungskräften die Förderung der Gesundheit ihrer Mitarbeitenden wichtig ist. Um diese Gründe besser zu verstehen, ist es wichtig, sich mit den dahinterliegenden Motiven zu beschäftigen.

Wir sprechen also von Führungsmotivation. Aber was ist das genau? Führungsmotivation beschreibt, wie sehr und warum jemand bereit ist, eine Führungsrolle zu übernehmen. Ich möchte in diesem Training aber nicht über Ihre allgemeine Führungsmotivation sprechen, sondern darüber, wie motiviert Sie sind, gesundheitsorientiert zu führen.

Selbstreflexion (Schritt 3)
Um das für Sie herauszufinden, schlagen Sie doch bitte in Ihrer Trainingsmappe „Übungsblatt 12: Motivation für gesundheitsorientierte Führung: Meine Motivstruktur: Selbstcheck" auf. Hier sind Fragen, die Sie zu Ihrer gesundheitsorientierten Führungsmotivation bringen und Ihnen zeigen, welche Motivstruktur Sie haben. Aber dazu gleich mehr.

Füllen Sie doch die Fragen erst einmal aus.

Auswertung (Schritt 4)
Wenn jeder fertig ist, möchte ich Sie bitten, für sich in der rechten Spalte eine Auswertung vorzunehmen. Dann tragen Sie die Werte in das Profil auf „*Übungsblatt 14: Motivation für gesundheitsorientierte Führung: Meine Motivstruktur: Auswertung"* ein. Ein Beispiel für die Auswertung finden Sie auf „*Übungsblatt 13: Motivation für gesundheitsorientierte Führung: Meine Motivstruktur: Auswertungsbeispiel"*.

Mithilfe des Selbstchecks erfahren Sie, wie sehr Sie motiviert sind, gesundheitsorientiert zu führen. Diese Motivation kann niedrig oder hoch ausgeprägt sein. Ist sie hoch, befinden Sie sich im grünen Bereich, ist sie eher niedrig, befinden Sie sich farblich im roten Bereich. Zusätzlich erfahren Sie, wie Ihre Motivstruktur dazu aussieht.

Es gibt drei unterschiedliche Motive:

- Menschen können ein hohes affektives gesundheitsorientiertes Führungsmotiv haben, das heißt, dass sie gesundheitsorientiert führen, weil es ihnen Spaß und Freude bereitet, sich um die Gesundheit ihrer Mitarbeitenden zu kümmern.
- Ist eher das kalkulatorische gesundheitsorientierte Führungsmotiv hoch ausgeprägt, heißt das, dass sie eher sachbezogene Gründe haben, d. h., sie fördern die Gesundheit ihrer Mitarbeitenden, weil sie sich davon einen Nutzen versprechen und weil der Nutzen höher als die Kosten erscheint.
- Das normative gesundheitsorientierte Führungsmotiv ist eher von Erwartungen anderer getrieben und meint, dass sie sich um ihre Mitarbeitenden kümmern, weil es von ihnen erwartet wird. Sie können auf allen drei Aspekten hohe, aber auch unterschiedliche Ausprägungen haben. Schauen Sie doch mal für sich, wie Ihre Motivstruktur aussieht.

Erfahrungsaustausch (Schritt 5)
Was sind mögliche Chancen und Risiken dieser Motivationsquellen?
(Beispiele für mögliche Antworten bzw. Diskussionsbeiträge: Affektiv ist eher intrinsisch, unabhängig, langfristig, bleibt auch bei schwierigen Rahmenbedingungen, normativ steht und fällt eher mit äußeren Erwartungen, kalkulatorisch unter Umständen abhängig von der jeweiligen Nutzenkalkulation, kann aber auch dauerhaftes Nutzenargument sein).

Was bedeuten denn unterschiedliche Motivstrukturen?

Zum Beispiel hoch affektiv, moderat kalkulatorisch und wenig normativ (Führungskraft 1) im Vergleich zu hoch normativ und wenig kalkulatorisch und affektiv (Führungskraft 2)?

Wie sehr werden sich die beiden Führungskräfte im Vergleich für gesundheitsorientierte Führung engagieren?

(Beispiele für mögliche Antworten bzw. Diskussionsbeiträge: Führungskraft 1: langfristig hohes Engagement, Führungskraft 2: macht eher nur so viel, wie von ihr erwartet wird)

…

Mit Blick auf Ihre eigene Motivstruktur: Welches der Motive ist am stärksten ausgeprägt, welches eher weniger? Welche Muster sind erkennbar?

…

Was denken Sie außerdem noch, warum Sie sich um die Mitarbeitergesundheit kümmern sollten? Was bringt Ihnen das, was spricht also dafür, was spricht dagegen?

(Beispiele für mögliche Antworten bzw. Diskussionsbeiträge: Pro/Vorteile: Mitarbeitende sind zufriedener, langfristig geringere Fehlzeiten; Contra/Nachteile: Arbeit bleibt liegen, ich muss es selbst erledigen usw.)

…

Abschluss
Das Erkennen des Stellenwerts der Mitarbeitergesundheit ist eine wichtige Voraussetzung dafür, überhaupt auf die Gesundheit der Mitarbeitenden zu achten, also ein Auge darauf zu haben, und das wiederum ist wichtig, um rechtzeitig Gegenmaßnahmen ergreifen zu können und handlungsfähig zu sein. Im nächsten Part soll es um genau das Wahrnehmen von Warnsignalen gehen, also die Achtsamkeit – hier aber nicht die eigene Achtsamkeit, sondern die Achtsamkeit bezogen auf die Mitarbeitenden. ◄

5.5.2.3.2 Übung 2: Achtsamkeit: Erkennen von Warnsignalen

Hierfür benötigen Sie die *Folien aus der PowerPoint-Präsentation aus Abschnitt 4: „Teil 4.3 Kp. 3 Übung 2"*.

Starten Sie damit, noch einmal zu erläutern, was Achtsamkeit überhaupt meint **(Schritt 1).**

Fahren Sie dann fort mit der zentralen Frage, wie Führungskräfte Warnsignale der Mitarbeitenden überhaupt erkennen können (**Schritt 2**). Fragen Sie im Plenum.

Danach erläutern Sie die unterschiedlichen Ebenen von Warnsignalen *(Folie: „Schritt 3: Woran erkenne ich Überlastungen meiner Mitarbeitenden?";* **Schritt 3**).

Teilen Sie dann das *„Übungsblatt 15: Checkliste zur Erkennung von Warnsignalen"* aus bzw. lassen Sie es in der Trainingsmappe aufschlagen. Das Übungsblatt soll als gedankliche Checkliste dienen, die das Wahrnehmen von Warnsignalen erleichtern kann.

Machen Sie anschließend einen kurzen Erfahrungsaustausch (**Schritt 4**). Hierfür eignet sich folgende Frage:

- Wie deckt sich das mit Erfahrungen, was ist leichter/schwerer zu interpretieren?

Machen Sie zum Abschluss deutlich (**Schritt 5**), warum es wichtig ist, auf Warnsignale zu achten und diese zu erkennen. Teilen Sie dann den *Handlungsleitfaden* (s. Trainingsmappe) aus.

Beispiel

Was meint Achtsamkeit im Kontext von StaffCare nochmal? (Schritt 1)
Zunächst möchte ich noch einmal näher darauf eingehen, was Achtsamkeit bezogen auf StaffCare genau meint.

Es geht darum, dass Führungskräfte aufmerksam und sensitiv für Probleme, Grenzen, Überforderung und Überlastung der Mitarbeitenden sind, also ein Gefühl dafür bekommen, dass sie das individuelle Stresslevel der Mitarbeitenden im Blick haben und auch Bedürfnisse der Mitarbeitenden sowie Rahmenbedingungen, die förderlich oder hinderlich für die Gesundheit der Mitarbeitenden sind, wahrnehmen.

Das ist manchmal aber gar nicht so leicht.

Diskussionsrunde (Schritt 2)
Woran erkennen Sie, dass es jemandem nicht gut geht bzw. jemand überlastet ist?
(Beispiele für mögliche Antworten bzw. Diskussionsbeiträge: Gereiztheit, Rückzug, Fehler usw.)
…

Warnsignal-Bereiche (Schritt 3)
Es gibt zahlreiche Veränderungen, die Sie bei Ihren Mitarbeitenden erkennen können. Warnsignale können auf unterschiedlichen Ebenen sichtbar werden.

- Zum Beispiel Veränderung des Sozialverhaltens: Hierzu zählen **sozialer Rückzug** und **soziale Unverträglichkeit**.
- *Sozialer Rückzug* meint, dass eine Person im Vergleich zu früher introvertierter ist, sich vom Team oder von Ihnen als Führungskraft distanziert, häufiger alleine anzutreffen ist und sich vom Team absondert.

- Zeichen für *soziale Unverträglichkeit* sind häufiges Abstreiten von Problemen oder Fehlern, dass Sie zunehmende Konflikte wahrnehmen oder sich Schwierigkeiten in der Zusammenarbeit ergeben, aber auch Schuldzuweisungen und Vorwürfe auftreten.
- Es kommt aber immer darauf an, wie die Person vorher war und ob sich dort eine Veränderung beobachten lässt. Wenn die Person schon immer ruhig und schüchtern war, ist dies kein Warnsignal. Es ist dann ein Warnsignal, wenn diese Person noch schüchterner wird und sich noch deutlicher zurückzieht als sonst üblich. Dies gilt es bei allen Warnsignalen zu beachten!
- Auch **Veränderungen der Stimmungslage** können uns wichtige Hinweise geben: Stimmungsschwankungen, Niedergeschlagenheit/Trauer, Gereiztheit bis Aggressivität, Überaktivität, Ängstlichkeit gehören hier zu den Veränderungen, die Warnsignale sein können.
- Zudem können Veränderungen des Arbeitsverhaltens wichtig sein. Hierzu gehören **Leistungseinbußen, aber auch Überengagement.**
- *Leistungseinbußen* sind erkennbar an einer Veränderung der Arbeitsqualität. Es kann auch sein, dass die Person unzuverlässiger wird als sonst, dass Termine nicht eingehalten werden, dass die Arbeitsmenge sich verändert oder eine plötzlich eingeschränkte Auffassungsgabe auftritt.
- Statt Leistungseinbußen kann sich aber auch ein *Überengagement* bemerkbar machen, welches ein Zeichen für eine Überlastung sein kann. Dies ist erkennbar an übertriebenem Arbeitseinsatz, Überstunden oder dem Erscheinen bei der Arbeit trotz Krankheit (Präsentismus).
- Darüber hinaus können **Selbstgefährdungen** auftreten, z. B. **mangelnde Selbstfürsorge** in Form von reduzierter Bewegung oder unregelmäßigen Essensgewohnheiten oder in Form von konkret **selbstgefährdendem Verhalten**, z. B. übertriebene Kontrollen, Suchtverhalten oder suizidale Gedanken.
- Auch **Veränderungen im äußeren Erscheinungsbild** können wichtig sein, z. B. erschöpftes Aussehen, tiefere Augenringe als sonst, mehr Blässe als sonst oder Zittern.
- Achten Sie zudem auch auf **Beschwerdeäußerungen.** Zum Beispiel können das Äußern von häufigen Kopf-, Rücken- oder Magenbeschwerden sowie eine ansteigende Infektanfälligkeit ein Anzeichen sein, dass etwas nicht stimmt.

Ich habe Ihnen auf dem *Übungsblatt 15* in Ihrer Trainingsmappe eine Art Checkliste mitgebracht, die Ihnen das Wahrnehmen von Warnsignalen erleichtern soll.

Kurzer Erfahrungsaustausch (Schritt 4)
Wie deckt sich das mit Erfahrungen, was ist leichter/schwerer zu interpretieren?

Abschluss und Hinweis auf Handlungsleitfaden (Schritt 5)
Warum sollte ich denn nun auf solche Warnsignale bei meinen Mitarbeitenden achten?

Erst wenn die ersten Anzeichen psychischer Belastung erkannt werden, können Sie als Führungskräfte in Ihrer Funktion als „Gatekeeper" mit Hilfsangeboten wie Präventionsmaßnahmen und Verweis auf professionelle Hilfe tätig werden und Mitarbeitenden Unterstützung zukommen lassen. Regelmäßige Mitarbeitergespräche können wichtiges Handwerkszeug sein, um Gesundheit zum Thema zu machen. Bei Anzeichen von Überlastung sollten Sie zeitnah das Gespräch suchen, um sich nach dem gesundheitlichen Befinden zu erkundigen. Sorgen Sie für eine geschützte Gesprächssituation unter vier Augen und gehen Sie dabei besonders wertschätzend und respektvoll vor.

Hierfür habe ich Ihnen einen Handlungsleitfaden mitgebracht, der Sie im Alltag unterstützen soll. Diesen finden Sie in Ihrer Trainingsmappe.

Schauen Sie sich diesen in Ruhe an. ◄

Beenden Sie diesen Übungsteil und machen Sie noch einmal deutlich, um was es in der Übung ging. Leiten Sie dann zum nächsten Übungspart über. Hierfür benötigen Sie die *Übersichtsfolie der Übungen zu StaffCare*.

Beispiel

Mit dieser Übung war mir wichtig, dass Sie für sich wissen, welche Warnsignale es geben kann und woran man sie festmachen könnte. Mir war ebenfalls wichtig, dass Sie für sich erkennen, warum das Erkennen von Warnsignalen und die Achtsamkeit für die Gesundheit der Mitarbeitenden wichtig sind.

Zum einen ist das Wahrnehmen von Überlastung und Zeichen von Überforderung eine wichtige Voraussetzung dafür, selbst tätig zu werden und das Gespräch zu suchen. Sie können viel besser handeln, wenn Sie ein Auge auf die Gesundheit der Mitarbeitenden haben. Zum anderen können Sie in solchen Gesprächen dann zum Beispiel auch als Gatekeeper fungieren und Ihre Mitarbeitenden adäquat unterstützen, indem Sie den Weg zur professionellen Hilfe ebnen.

Im nächsten Übungsteil möchte ich mit Ihnen auf die Verhaltensebene schauen. Hierbei möchte ich vor allem auf den indirekten und den direkten Weg schauen. ◄

5.5.2.3.3 Übung 3: Verhalten: Direkter und indirekter Weg

Hierfür benötigen Sie die *Folien aus der PowerPoint-Präsentation aus Abschnitt 4: „Teil 4.3 Kp. 3 Übung 3"*.

Wiederholen Sie an dieser Stelle noch einmal, was Verhalten bezogen auf StaffCare meint, oder fragen Sie die Teilnehmenden, wer sich noch erinnert (**Schritt 1**).

Leiten Sie dann zum indirekten und direkten Weg über. Lassen Sie dann noch einmal den direkten und den indirekten Einflussweg erinnern und fragen Sie im Plenum nach Beispielen für diese beiden Wege. Sammeln Sie die Ideen auf *„Flipchart 9: Direkter*

5.5 Baustein 4: "StaffCare"

Einflussweg: Beispiele" und *„Flipchart 10: Indirekter Einflussweg: Beispiele"* (**Schritt 2**). Versuchen Sie mit zwei *unterschiedlichen Farben (empfohlen: grün und rot)* direkt zu unterscheiden, ob es sich um ein positives, also ein förderliches Verhalten oder ein negatives, also gefährdendes Verhalten handelt.

Nachdem Sie die Beispiele gesammelt haben und die Teilnehmenden sich Inspiration holen konnten, leiten Sie zur Selbstreflexion über (**Schritt 3**). Die Teilnehmenden sollen überlegen, was auf den beiden Einflusswegen bereits gut klappt und wo sie sich noch verbessern können. Bitten Sie sie, dafür in der Trainingsmappe *„Übungsblatt 16: Direkter Weg: Kommunikation & Interaktion"* und *„Übungsblatt 17: Indirekter Weg über Arbeitsbedingungen"* aufzuschlagen und die Fragen zu beantworten.

Beenden Sie die Übung, indem Sie die Teilnehmenden bitten, sich aus den Verbesserungspunkten einen Punkt auszuwählen und eine Absicht zu formulieren, wann und wie genau sie diesen Punkt umsetzen möchten und was dabei helfen könnte (**Schritt 4**). Es ist egal, ob der Punkt auf dem indirekten oder direkten Einflussweg ist. Verwenden Sie hierfür *„Übungsblatt 18: Absicht: Was möchte ich umsetzen"*. Machen Sie dann eine Abschlussrunde (**Schritt 5**) und lassen Sie jede*n kurz berichten, was sich jede*r vorgenommen hat. Fragen Sie zum Abschluss auch, wie BGM dabei unterstützen kann.

Beispiel

Einstieg Verhalten StaffCare: Wiederholung (Schritt 1)
Lassen Sie uns noch einmal kurz erinnern, was denn die Verhaltensfacette meint. Was erinnern Sie?

…

Genau, es geht darum, ob Sie Ihre Mitarbeitenden zu einem gesunden Lebensstil ermutigen, ob Sie Gesundheit zum Thema machen, darüber sprechen, Mitarbeitende auch mal direkt ansprechen, für regelmäßige Pausen im Team sorgen, aber vor allem, inwiefern Sie die Arbeitsbedingungen im Rahmen Ihrer Möglichkeiten gesund gestalten und wo Sie vielleicht auch Ihre Mitarbeitenden gefährden.

Direkter und indirekter Einflussweg: Wiederholung und Beispiele finden (Schritt 2)
Diese Verhaltensweisen lassen sich vor allem auf dem indirekten und dem direkten Einflussweg zuordnen. Diese sind eine wichtige Grundlage. StaffCare äußert sich sowohl auf dem indirekten als auch auf dem direkten Einflussweg. Vielleicht kann noch einmal jemand aus der Gruppe beim Erinnern helfen, was denn der direkte und der indirekte Einflussweg war.

…

Ich möchte jetzt gerne gemeinsam mit Ihnen Beispiele sammeln, was Sie als Führungskraft auf beiden Einflusswegen konkret tun können, um die Gesundheit der Mitarbeitenden zu fördern. Was gibt es für Ideen?
(Beispiele für mögliche Antworten bzw. Diskussionsbeiträge):

- *Direkter Einflussweg:* Ich versuche mit meinem Team regelmäßig nach dem gemeinsamen Mittagessen eine Runde spazieren zu gehen, ich versuche mit meinen Mitarbeitenden immer wertschätzend umzugehen, ich versuche neben arbeitsbezogenen Themen auch informell mit meinem Team zu sprechen, ich biete meinem Team Unterstützung an, ich sorge für ein gutes Teamklima, indem wir ab und zu ein gemeinsames Teamevent durchführen ...
- *Indirekter Einflussweg:* Ich plane eine neue Aufteilung der Räume und führe in einigen Räumen klare Stillarbeitszeiten ein, um dort die Konzentration zu fördern und Geräuschbelastungen entgegenzuwirken (Thema: Arbeitsorganisation). Ich ermutige meine Mitarbeitenden dazu, einen höhenverstellbaren Schreibtisch zu beantragen, und informiere mich über das konkrete Vorgehen (Thema: Ergonomie), ich ermutige, rechtzeitig Feierabend zu machen und am Wochenende für ausreichend Erholung zu sorgen (Thema: Arbeitszeit usw.)

Die Ideen werde ich auf dem Flipchart sammeln.

...

Selbstreflexion (Schritt 3)
Mit der Sammlung der Beispiele konnte sich jede*r von Ihnen ein wenig Inspiration holen, was auf diesen beiden Ebenen möglich ist, um die Gesundheit der Mitarbeitenden zu fördern. Ich möchte Sie jetzt bitten, in Ihrer Trainingsmappe *Übungsblatt 16* und *Übungsblatt 17* aufzuschlagen.

Es wird jetzt darum gehen, dass jede*r für sich mal überlegt, was besonders gut auf dem indirekten und direkten Weg bei Ihnen persönlich klappt und wo noch Luft nach oben ist.

Nehmen Sie sich einen Moment Zeit, um zu überlegen.

Absichtsbildung (Schritt 4)
Jetzt hat jede*r für sich identifizieren können, was auf beiden Ebenen besonders gut klappt und wo es eventuell noch Luft gibt, (noch) besser zu werden. Ich möchte Sie zum Abschluss bitten, dass Sie sich einen Punkt auf der Liste der Punkte „Was kann ich besser machen" raussuchen. Egal ob auf dem direkten oder indirekten Einflussweg. Picken Sie sich einen Punkt raus, den Sie in den nächsten Tagen und Wochen gerne umsetzen würden. Überlegen Sie sich, wann und wie Sie diesen umsetzen und was bei der Umsetzung helfen kann. Um das festzuhalten, verwenden Sie *Übungsblatt 18*.

Abschlussrunde (Schritt 5)
Jetzt möchte ich gerne eine Runde machen, in der jede*r berichtet, was er sich vorgenommen hat.

...

5.5 Baustein 4: "StaffCare"

Gibt es bei der Umsetzung die Möglichkeit, Unterstützung von BGM zu bekommen?

... ◄

Schließen Sie mit der Übungsübersichtsfolie die Übung ab und leiten Sie in die nächste Übung ein.

Beispiel

Wir haben nun den ersten Verhaltenspart abgeschlossen. Die nächsten beiden Übungen beschäftigen sich mit BGM, also einem ganz spezifischen Teil von StaffCare. ◄

5.5.2.3.4 Übung 4: Verhalten: BGM unterstützen und nutzen

Hinweis: Die nächsten beiden Übungen beschäftigen sich konkret mit Betrieblichem Gesundheitsmanagement. Diese beiden Übungen sind nur empfehlenswert, wenn im Unternehmen der Teilnehmenden BGM vorhanden ist.

Hierfür benötigen Sie die *Folien aus der PowerPoint-Präsentation aus Abschnitt 4: „Teil 4.3 Kp. 3 Übung 4"*.

Leiten Sie in das Thema BGM über. Bitten Sie die Teilnehmenden, in ihrer Trainingsmappe *„Übungsblatt 19: Welcher Führungskraft-BGM-Typ sind Sie? Selbstcheck"* aufzuschlagen und die Fragen zu beantworten (**Schritt 1**). Anschließend bitten Sie, die persönliche Auswertung vorzunehmen (**Schritt 2**). Erklären Sie, dass die Teilnehmenden dann auf *„Übungsblatt 20: Welcher Führungskraft-BGM-Typ sind Sie? Auswertung"* sehen können, welche Facetten besonders auf sie zutreffen, und lassen Sie sie identifizieren, welchem Führungskraft-BGM-Typ sie am ehesten entsprechen. Erklären Sie dabei die verschiedenen Typen.

Fragen Sie die Teilnehmenden, wie gut das Ergebnis ihre Einstellung und Haltung widerspiegelt und ob sie überrascht sind.

Machen Sie abschließend eine Diskussionsrunde (**Schritt 3**) zu folgender Frage:
- Was müsste passieren, um sich vom Skeptiker in Richtung des aktiven Förderers zu entwickeln?

Beispiel

Einstieg und Selbstreflexion (Schritt 1)
Die nächsten beiden Übungen beschäftigen sich mit BGM, also einem spezifischen Teil von StaffCare. Wie ich Ihnen bereits zu Anfang erläutert habe, ist BGM ein wichtiger Schlüssel für StaffCare und umgekehrt.

Um BGM für sich und das eigene Team nutzen zu können, ist es wichtig, zuerst einmal zu schauen, wie gut Sie sich im BGM in Ihrem Unternehmen auskennen und wie Sie zu BGM stehen. Unser Team hat auf Basis empirischer Ergebnisse verschiedene BGM-Führungskraft-Typen erstellt. Diese grobe Typisierung hilft Ihnen zur besseren Einordnung, wo eventuell noch Entwicklungsbedarf gesehen werden kann.

Schlagen Sie das *Übungsblatt 19* auf und beantworten Sie für sich die nachfolgenden Fragen.

...

Auswertung (Schritt 2)
Wenn alle fertig sind, nehmen Sie gerne wieder für sich die Auswertung in der rechten Spalte vor.

Nehmen Sie sich dann *Übungsblatt 20* zur Hilfe und schauen Sie, welche Facetten bei Ihnen hoch, welche niedrig ausgeprägt sind und was dies bedeutet.

Auf *Übungsblatt 20 (2 von 2)* können Sie dann sehen, welchem Typ Sie am ähnlichsten sind.

Hierbei ist die Zusammensetzung der Facetten wichtig. Wenn Sie gut über BGM informiert sind, eine hohe Ausprägung in Ihrer StaffCare haben, also auch über BGM im Team sprechen und BGM unterstützen, ein gutes Vorbild sind, also SelfCare hoch ausgeprägt ist und Ihre Skepsis gegenüber BGM gering ist, dann würden Sie eher ein **aktiver Förderer** bzw. eine **aktive Förderin** sein.

Wenn Sie eine geringe Ausprägung in Ihrer StaffCare haben, also BGM eher nicht unterstützen, Ihre SelfCare geringer ausgeprägt ist, aber Ihre Skepsis gegenüber BGM gering ist, dann würden Sie eher einem **passiven Akzeptierer** bzw. einer **passiven Akzeptiererin** entsprechen.

Wenn Sie nicht gut über BGM informiert sind und Ihre Skepsis gegenüber BGM gering ist, dann würden Sie eher einer **neutralen unwissenden Person** entsprechen.

Diejenigen, die auf der Skeptiker-Facette hoch ausgeprägt sind, also BGM eher skeptisch gegenüberstehen, keinen Nutzen sehen, zählen eher zu den **Skeptikern**. Unabhängig von den anderen Facetten.

Nun schauen Sie mal, welcher Typ am ehesten zu Ihnen passen würde.

Was sagen Sie zu diesem Ergebnis? Haben Sie das erwartet, sind Sie überrascht?

...

Diskussionsrunde (Schritt 3)
Was müsste denn passieren, um sich vom Skeptiker bzw. von der Skeptikerin in Richtung des aktiven Förderers bzw. der aktiven Förderin zu entwickeln?

(Beispiele für mögliche Antworten bzw. Diskussionsbeiträge: Ausführlich über BGM informieren, mir über den Nutzen Gedanken machen und diesen erkennen, mit BGM-Team (falls vorhanden) sprechen, im Team BGM zum Thema machen usw.)

... ◄

5.5.2.3.5 Übung 5: Verhalten: Mitarbeitende motivieren

Hierfür benötigen Sie die *Folien aus der PowerPoint-Präsentation aus Abschnitt 4: „Teil 4.3 Kp. 3 Übung 5"*.

In der letzten Übung wird der Fokus auf die Motivation der Mitarbeitenden gelenkt. Machen Sie noch einmal deutlich, dass das Motivieren der Mitarbeitenden zu BGM ein

5.5 Baustein 4: "StaffCare"

wesentlicher Teil von StaffCare ist. Es werden drei verschiedene Fallbeispiele präsentiert, anhand derer erarbeitet werden soll, was Führungskräfte konkret tun können, um zu BGM zu ermutigen, aber auch, was die Person selbst und Kolleg*innen tun können. Insgesamt geht es darum, positive und förderliche Bedingungen für eine aktive und regelmäßige Teilnahme zu schaffen und hinderliche Bedingungen zu reduzieren. Relevant sind hier vor allem die Einflussfaktoren (z. B. soziale Norm: Was denken und tun andere?, eigene Einstellung zu BGM, Nutzenbewertung, Risikoeinschätzung: Wie betroffen bin ich im Vergleich zu anderen?, Selbstwirksamkeitserwartung, Rahmenbedingungen usw.), die die Absichtsbildung unterstützen und die aktive Teilnahme (als Gesundheitsverhalten) positiv beeinflussen können. Diese wurden in Abschn. 3.6 näher erläutert.

Bitten Sie die Teilnehmenden, pro Fallbeispiel das jeweilige Übungsblatt aufzuschlagen:

- *"Übungsblatt 21: Fallbeispiel 1: Bernd Reinhold"*
- *"Übungsblatt 22: Fallbeispiel 2: Ute Ahrendt"*
- *"Übungsblatt 23: Fallbeispiel 3: Stefan Kramer"*

Zu jedem Fallbeispiel wird ein Video gezeigt, mit dem der Fall näher beschrieben wird. Auf den Übungsblättern haben die Teilnehmenden die Möglichkeit, drei Fragen zum Umgang mit den Fällen zu beantworten.

Beispiel

Im nächsten Part soll es um die Motivation Ihrer Mitarbeitenden, BGM zu nutzen, gehen. Das Ermutigen Ihrer Mitarbeitenden zu BGM ist ein wesentlicher Teil von StaffCare. Wie aber geht das? Wie mache ich das am besten?

Das möchte ich gerne mit Ihnen einmal näher anschauen. Ich habe hierfür drei Fallbeispiele mitgebracht. Ich möchte mit Ihnen erarbeiten, wie man als Führungskraft verschiedene Mitarbeitende zu BGM ermutigen und motivieren kann.

Fallbeispiel 1: Bernd Reinhold
Schauen wir uns das erste Fallbeispiel im Video an. Das Fallbeispiel ist auch nochmal in Ihrer Trainingsmappe als Text zu finden.

Die zentralen Fragen, um die es jetzt gehen soll, sind:

Was kann Bernd tun?
(Beispiele für mögliche Antworten: Kolleg*innen mit ins Boot holen (soziale Norm), aktiv darüber sprechen, um potenzieller Stigmatisierung vorzubeugen, vielleicht findet sich jemand, der sogar mit ihm teilnimmt, mit Führungskraft das Gespräch suchen, sich noch einmal vor Augen führen, wie sinnvoll und nützlich für ihn eine Teilnahme am Kursangebot sein kann (Nutzenbewertung), sich die Notwendigkeit bewusst machen (hohes Risiko für erneute Herzkreislaufprobleme und zu viel Stress) usw.)

Was kann die Führungskraft von Bernd tun?
(Beispiele für mögliche Antworten: Aktiv im Team entgegenwirken, dass keiner belächelt wird, wenn er an BGM-Kursen teilnimmt (soziale Norm), auf gutes Teamklima achten, Gesundheit aktiv zum Thema machen, ansprechen und ermutigen, dass es gut ist, wenn Teammitglieder aktiv etwas für ihre Gesundheit tun, mit gutem Beispiel vorangehen (Vorbildwirkung), Kursangebot vielleicht auch mal ausprobieren, nicht aktiv Termine während eines BGM-Kurses legen, soweit dies möglich ist, Führungskraft könnte auch aktiv für Entlastung bei Bernd sorgen und weiter auf Warnsignale achten, um eine weitere Überlastung zu vermeiden (Arbeitsorganisation, Workload) usw.)

Was können Bernds Kolleg*innen tun?
(Beispiele für mögliche Antworten: Ermutigung zur BGM-Teilnahme, potenziell könnten sie ihn begleiten, ihm nicht das Gefühl geben, eine Teilnahme sei etwas Schlechtes, sondern ihn loben und bestätigen, dass es toll ist, wenn er etwas für seine Gesundheit tut usw.)
Hierzu können Sie sich gerne auf dem *Übungsblatt 21* Notizen machen.
…

Fallbeispiel 2: Ute Ahrendt
Kommen wir zum nächsten Fallbeispiel.
…

Was kann Ute tun?
(Beispiele für mögliche Antworten: Führungskraft aktiv ansprechen und nachfragen, Sorge ansprechen, dass Besprechungen während des BGM-Kurses stattfinden, Lösung finden, wie dies vermieden werden kann, Unterstützung im Team holen, vielleicht findet sich jemand, der sogar mit ihr teilnimmt usw.)

Was kann die Führungskraft von Ute tun?
(Beispiele für mögliche Antworten: Herablassende Sprüche unterlassen und sich der Wirkung für Ute bewusstwerden und dass die eigene skeptische Einstellung zu BGM einen Einfluss auf Ute hat, soweit es sich vermeiden lässt, nicht aktiv Termine zur Zeit des BGM-Kurses legen, sich über BGM informieren und vielleicht Kursangebot auch mal ausprobieren, um überhaupt mitsprechen zu können, Nutzen für sich deutlich machen, wenn Mitarbeitende etwas für ihre Gesundheit tun usw.)

Was können Utes Kolleg*innen tun?
(Beispiele für mögliche Antworten: Ermutigung zur BGM-Teilnahme, potenziell könnten sie sie begleiten, ihr nicht das Gefühl geben, eine Teilnahme sei etwas Schlechtes, sondern sie loben und bestätigen, dass es toll ist, wenn sie etwas für ihre Gesundheit tut usw.)

5.5 Baustein 4: "StaffCare"

Hierzu können Sie sich gerne auf dem *Übungsblatt 22* Notizen machen.

Fallbeispiel 3: Stefan Kramer
Wen haben wir im letzten Beispiel? Stefan Kramer.
…

Was kann Stefan tun?
(Beispiele für mögliche Antworten: Sich bewusst machen, dass er nicht immer stark und belastbar sein muss, er darf auch mal „schwache Momente" haben, sich die Notwendigkeit bewusst machen, dass er was gegen seine Rückenbeschwerden tun muss (Risikobewertung), sich bewusst machen, dass der Rückenfit-Kurs oder der Yoga-Kurs ihm helfen kann, seine Beschwerden zu mildern (Nutzeneinschätzung), nicht andere dafür belächeln, dass diese etwas für ihre Gesundheit tun, es ist stark und positiv, wenn jemand seine Gesundheit im Blick hat (Einstellung), denn seine Einstellung hat auch Einfluss auf andere usw.)

Was kann die Führungskraft von Stefan tun?
(Beispiele für mögliche Antworten: BGM im Team aktiv befürworten, dazu ermutigen, selbst daran teilnehmen, vielleicht mit dem gesamten Team (Vorbildwirkung), aktiv das Gespräch mit Stefan suchen, ihm den Nutzen von BGM deutlich machen, deutlich machen, dass eine Teilnahme keinen negativen Einfluss auf seine Karriere hat usw.)

Was können Stefans Kolleg*innen tun?
(Beispiele für mögliche Antworten: Gespräche mit ihm führen, ihm kontern (so wie Thomas), mit ihm zusammen teilnehmen, ihm deutlich machen, dass er etwas gegen seine Rückenschmerzen tun muss, bevor es schlimmer bzw. chronisch wird (Risiko einer Nichtteilnahme verdeutlichen) usw.)
Hierzu können Sie sich gerne auf dem *Übungsblatt 23* Notizen machen. ◄

Schließen Sie den Baustein ab, indem Sie noch einmal zusammenfassen *(Folie: Übersicht über die Übungen zu StaffCare)*. Weisen Sie auch auf eine mögliche Vertiefungsmaßnahme mit dem Team hin und erläutern Sie hierzu kurz den HoL-Prozess (Abschn. 3.4.5). Der **HoL-Prozess** zielt darauf ab, alle relevanten Merkmale gesundheitsorientierter Führung systematisch für eine Führungskraft und das Team zu identifizieren. In einem Feedback-Prozess werden sich Führungskraft und Team ihrer Stärken und Schwächen in Bezug auf SelfCare und StaffCare bewusst und entwickeln gemeinsam Maßnahmen für eine bessere Gesundheitsförderung am Arbeitsplatz (Pischel et al. 2023). Der Prozess wird von einem Coach professionell begleitet und moderiert. Die Evaluation des HoL-Prozesses ergab, dass die Führungskräfte und Teammitglieder mit den Umsetzungen der im Prozess identifizierten Handlungsschritte sehr zufrieden waren und der Prozess zur Verbesserung der Gesundheit beigetragen hat (Felfe et al 2019a; Felfe et al. 2017; Pischel et al. 2023). Der HoL-Prozess ist eine geeignete Anschlussmaßnahme zur Vertiefung nach der Durchführung des hier vorgestellten Trainings. Verwenden Sie hierfür die *Folien „Weiter dranbleiben?"*.

Nähere Informationen zum HoL-Prozess unter: https://www.hsu-hh.de/psyaow/weiterbildungsangebote/hol-coaching-prozess/

Leiten Sie dann den letzten Baustein ein. Verwenden Sie hierfür die Folie zur *Übersicht der Bausteine*.

> **Beispiel**
>
> Im vergangenen Baustein haben Sie sich eingehend mit dem Thema StaffCare beschäftigt. Anhand der Facetten Wichtigkeit, Achtsamkeit und des Verhaltens haben Sie Ihre gesundheitsorientierte Mitarbeiterführung genauer unter die Lupe genommen. Innerhalb der letzten beiden Übungen haben Sie das Thema BGM für sich genauer betrachtet und geschaut, wie Sie eigentlich zum Thema BGM stehen, und sich anhand von Fallbeispielen mit potenziellen Situationen auseinandergesetzt.
>
> Manche von Ihnen fragen sich jetzt, nachdem die Bausteine SelfCare und StaffCare hinter uns liegen, wie kann ich dranbleiben? Wie kann es weitergehen?
>
> Wenn Sie weiter an dem Thema SelfCare und StaffCare dranbleiben möchten, kann es sehr sinnvoll sein, das Team mit an Bord zu holen. Zur Vertiefung eignet sich der HoL-Prozess. Hier können Sie die Themen SelfCare und StaffCare mit Ihrem Team systematisch angehen.
>
> Der HoL-Coaching-Prozess ist ein teamfokussierter Prozess mit systematischem Reflexionsprozess und Feedback auf Teamebene. Es ist ein Coaching für Führungskräfte und inkludiert einen Teamworkshop. Der Prozess wird von einem Coach professionell begleitet und moderiert.
>
> Mit dem HoL-Prozess können Führungskräfte erkennen, ob und in welchem Maße sie gesund führen, und erfahren, wie sie und ihr Team gemeinsam besser für die Gesundheit sorgen können.
>
> Ziel des HoL-Prozesses ist es, gemeinsam mit Führungskraft und Mitarbeiter*innen Maßnahmenpläne zu entwickeln und damit einen langfristigen Beitrag zum Schutz und zur Förderung der Mitarbeitergesundheit zu leisten.
>
> Wer mehr über den HoL-Prozess erfahren möchte, kann gerne im Buchkapitel „Gesundheitsförderliche Führung diagnostizieren und umsetzen" von Pischel und Kolleg*innen (2023) im Handbuch Mitarbeiterführung Details zum HoL-Prozess nachlesen (https://link.springer.com/book/10.1007/978-3-662-68185-5) oder sich auf https://www.hsu-hh.de/psyaow/weiterbildungsangebote/hol-coaching-prozess/ informieren.
>
> Jetzt haben wir den Baustein StaffCare abgehakt und kommen zum letzten Baustein, dem Cool-down. ◄

Tab. 5.5 Übersicht über Baustein 5: „Cool down"

Zielsetzung und Inhalte	Kernfragen
• Trainingsinhalte Revue passieren lassen • Ziele setzen, wie es nach dem Training weitergeht • Evaluation des Trainings	• Was möchte ich umsetzen? Was nehme ich mir vor? • Was fand ich interessant/hilfreich? Was nehme ich persönlich mit? • Wie hilfreich war das Training für mich?
Dauer	**Varianten**
Ca. 45 min	Keine
Material	**Besondere Hinweise**
• PowerPoint-Präsentation: Abschnitt 5 [Baustein 5: Cool down][5] • Übungsblatt 24: Transfer • Evaluation Teil 1 (verwenden Sie hierfür die Vorlage im Anhang in diesem Manual Abschn. 6.3.1) • Evaluation Teil 2 (verwenden Sie hierzu die Skalen aus dem Anhang in diesem Manual Abschn. 6.3.2)	Keine

5.6 Baustein 5: „Cool down"

5.6.1 Übersicht

In dem abschließenden Baustein werden ein Rückblick und eine Zusammenfassung des Trainings gegeben. Anschließend folgt die Übung „Blick in die Zukunft", mithilfe derer sich die Teilnehmenden in ein Zukunfts-Ich hineinversetzen sollen, um mögliche Schwierigkeiten bei der Umsetzung von gesundheitsorientierter Führung zu antizipieren. Anschließend sollen die Teilnehmenden auf den vier Einflusswegen überlegen, was sie konkret umsetzen wollen und welche Strategien dabei helfen. Sie sollen konkrete Ziele formulieren, was sie künftig in ihrem Führungsverhalten verändern wollen, um die Gesundheit der Beschäftigten, aber auch die eigene Gesundheit besser zu fördern. Es folgt eine Abschlussrunde und Evaluation des Trainings.

In Tab. 5.5 ist eine Übersicht über Baustein 5 „Cool down" dargestellt.

---

[5] Die PowerPoint-Präsentation ist in unterschiedliche Trainingsabschnitte eingeteilt, die die Bausteine repräsentieren. Jeder Abschnitt von 1 bis 5 ist in einzelne Schritte bzw. Kapitel eingeteilt. Diese finden Sie in PowerPoint im Reiter „Ansicht" > Foliensortierung wieder. Die Einteilung der Folien hilft Ihnen zu wissen, wann welcher Folienteil zum Einsatz kommt.

5.6.2 Vorgehen

5.6.2.1 Rückblick: Zusammenfassung über alle behandelten Themen: Was haben wir alles behandelt?

Hierfür benötigen Sie die *Folien aus der PowerPoint-Präsentation aus Abschnitt 5: „Teil 5.1 Rückblick"*.

Geben Sie einen kurzen Überblick über alle behandelten Themen. Alternativ erfragen Sie, was alles behandelt wurde. Hierfür sollte „*Flipchart 2: Überblick*" gut sichtbar im Raum hängen.

Beispiel

Wir sind mittlerweile im letzten Baustein angekommen. Wir kommen zum Cooldown.

Im letzten Tagespunkt möchte ich mit Ihnen nochmal einen Rückblick vornehmen und die gelernten Inhalte noch einmal in Kürze betrachten. Daraufhin wagen wir einen Blick in die Zukunft und schauen, was Sie aus diesem Training mitnehmen und konkret in Ihren Alltag implementieren wollen. Die anschließende Evaluation des Trainings bildet dann den Schluss.

Um gut zum Ende zu kommen, möchte ich noch einmal zurückblicken, mit was wir uns im Training beschäftigt haben.

Wer von Ihnen erinnert sich noch?

…

5.6.2.2 Blick in die Zukunft I: Formulierung konkreter Ziele/ Transferübung

Hierfür benötigen Sie die *Folien aus der PowerPoint-Präsentation aus Abschnitt 5 „Teil 5.2 Blick in die Zukunft I: Absichtsbildung"*.

Leiten Sie nun in die Transferübung ein. Erinnern Sie noch einmal an die behandelten Einflusswege (indirekter und direkter Einflussweg, eigene Belastungen der Führungskraft, Vorbildwirkung). Bitten Sie die Teilnehmenden, ihre Trainingsmappe „*Übungsblatt 24: Transfer*" aufzuschlagen und die Aufgabe für die jeweiligen Einflusswege zu bearbeiten. Die Teilnehmenden werden gebeten, zu überlegen, was sie künftig in ihrem Führungsverhalten verändern wollen, um die Gesundheit der Beschäftigten, aber auch die eigene Gesundheit besser zu fördern, jeweils getrennt für alle vier Einflusswege. Bisher ist dies nur für den direkten bzw. indirekten Einflussweg passiert. Hier sollen nun auch die anderen Wege berücksichtigt werden.

Beispiel

In der folgenden Übung möchte ich Sie bitten, das Gelernte in konkrete Schritte zu übertragen. Hierfür habe ich Ihnen wieder ein Übungsblatt mitgebracht. Auf „Übungsblatt 24: Transfer" finden Sie zu jedem Einflussweg jeweils die Aufgabe, sich eine Absicht bzw. ein Ziel zu formulieren. Dies kennen Sie bereits aus dem vorigen Teil. Hier

5.6 Baustein 5: „Cool down"

hatte ich Sie gebeten, zu überlegen, was Sie auf dem direkten bzw. indirekten Einflussweg umsetzen möchten.

Übertragen Sie den Punkt von *Übungsblatt 18* und ergänzen Sie Ihre Absicht auf den übrigen drei Wegen.

Picken Sie sich für jeden der drei übrigen Wege einen kleinen Schritt heraus, den Sie die nächsten Wochen angehen möchten.

Achten Sie dabei darauf, so konkret wie möglich zu formulieren. Denken Sie auch darüber nach, was eine realistische Umsetzungszeit bzw. Zeitraum sein kann, in der bzw. dem Sie das Ziel umsetzen möchten, und überlegen Sie dann auch, was bei der Umsetzung helfen kann. ◀

5.6.2.3 Blick in die Zukunft II

Hierfür benötigen Sie die *Folien aus der PowerPoint-Präsentation aus Abschnitt 5: „Teil 5.3 Blick in die Zukunft II"*.

Mithilfe der Übung „Blick in die Zukunft II" sollen sich die Teilnehmenden in Gedanken in die Zukunft versetzen und sich die Zeit nach dem Training vorstellen, was sie möglicherweise erfolgreich umgesetzt haben und was sie möglicherweise daran gehindert hat. Aus der Zukunft sollen sie dann einen Tipp bzw. eine Empfehlung für sich in der Gegenwart formulieren. Die Übung soll die Absicht durch konkretes Vorstellen einer erfolgreichen Umsetzung stärken und helfen, mögliche Hindernisse zu antizipieren.

Leiten Sie die Übung mit der folgenden Instruktion an.

Da es vorkommen kann, dass solche Übungen tendenziell zu schnell gesprochen werden, empfehlen wir die in den Instruktionstext eingebauten Zeitangaben für Pausen zwischen den jeweiligen Sätzen zu berücksichtigen (dargestellt in Sekunden, abgekürzt mit „s"). **Zeitangaben und kursiv gesetzte Überschriften sind nicht vorzulesen!**

> **Beispiel**
>
> Jetzt, wo sich alle ein wenig Gedanken gemacht haben, was sie konkret umsetzen möchten, möchte ich gerne noch einen Schritt weiter gehen – mit einer abschließenden letzten Übung.
>
> Ich möchte Sie gerne mit auf eine Reise nehmen. Leider keine physische Reise, sondern eine gedankliche Reise. Wohin möchte ich gerne mit Ihnen reisen? In das Jahr XXXX (aktuell + 6 Monate).
>
> Ohne viel vorwegzunehmen, möchte ich einfach mit Ihnen in die Übung starten.
>
> Ich werde Sie, wenn das für alle in Ordnung ist, wie bei der Achtsamkeitsübung duzen.
>
> Starten wir mit der Übung.
>
> *Position einnehmen*
> Nimm eine entspannte Haltung ein. Wenn du so weit bist, schließe die Augen.
> Falls du deine Augen nicht schließen möchtest, fixiere gerne einen Punkt vor dir im Raum (5 s).

Nimm bewusst wahr, wie du hier sitzt. Wo berührt dein Rücken den Stuhl? Wo berühren deine Füße den Boden? Wo befinden sich deine Hände, Arme? Liegen sie in deinem Schoß, auf den Lehnen (5 s)?

Nimm ganz bewusst wahr, wie du hier sitzt (2 s).

Nimm auch deine Atmung wahr. Du atmest ein und aus. Deine Bauchdecke hebt und senkt sich (10 s).

Dein Atem fließt bei jeder Ein- und Ausatmung durch deine Nase (10 s).

Auch dein Brustkorb hebt und senkt sich mit jedem Atemzug (10 s).

Reise in die Zukunft

Gehe nun wie auf einem Zeitstrahl ein Stück von heute in die Zukunft (5 s).

Es sind mittlerweile sechs Monate vergangen! Stelle dir vor, du triffst Frau XXX / Herrn XXX (Name der Trainerin bzw. des Trainers) wieder und berichtest von deiner Zeit nach dem Training, wie es mittlerweile um deine gesundheitsorientierte Führung steht (2 s).

Du berichtest stolz mit einem freudigen Gesichtsausdruck, wie gut es dir gelungen ist, dich und dein Team gesundheitsorientierter zu führen, was sich für dich nach dem Training verändert hat (auch wenn es nur Kleinigkeiten waren) und was du erfolgreich umsetzen konntest.

Lasse dir einen Moment Zeit, um darüber nachzudenken, was das alles sein könnte (30 s).

Habe Geduld, falls nicht gleich etwas vor deinem inneren Auge auftaucht. Manchmal braucht es ein wenig mehr Zeit, bis wir uns öffnen können (20 s).

Beobachte dieses Erlebnis wie in einem Film (2 s).

Wie fühlt sich dieser positive Zustand an, einiges erfolgreich umgesetzt zu haben (20 s)?

Frau XXX / Herr XXX (Name des Trainers bzw. der Trainerin) fragt dich, wie es dir gelungen ist, die Dinge, die du dir vorgenommen hast, umzusetzen. Überlege dir, was dir dabei geholfen hat (60 s).

Er/Sie fragt auch, was denn mögliche tägliche Hemmnisse waren und wie du diese möglicherweise überwinden kannst. Überlege einen Moment, was du antworten würdest (60 s).

Nimm noch einmal bewusst wahr, wie es sich anfühlt, kleine Schritte, die du dir vorgenommen hast, erfolgreich umgesetzt zu haben (20 s).

Botschaft finden

Und nun richte von diesem Ort in der Zukunft deinen Blick zurück in deine Vergangenheit, auf dich, wie du dich hier in der Gegenwart befindest. Vielleicht hast du eine Botschaft, einen Tipp oder eine Empfehlung, die du dir aus der Zukunft geben magst – von dem Ort, an dem du einiges von dem, was du dir vorgenommen hast, erfolgreich umgesetzt hast (7 s).

5.6 Baustein 5: „Cool down"

Was wäre ein Tipp oder eine Botschaft, die du für dich aus der Zukunft für dein jetziges Ich haben könntest (20 s)?

Denke einen Moment nach, vertraue auf dein Gefühl und formuliere einen Tipp, eine Empfehlung bzw. eine Botschaft, welche für dich hilfreich sein könnte (7 s).

Zurück in die Gegenwart
Verabschiede dich nun von diesem Ort und kehre langsam zurück in die Gegenwart (10 s).

Spüre, wie es dir mit dieser Botschaft, die du soeben erhalten hast, geht – wie sie dich unterstützt und wobei sie dir helfen kann (20 s).

Räkele dich jetzt ein wenig, atme tief durch und öffne langsam die Augen und komm zurück. ◄

Leiten Sie eine Reflexionsrunde ein. Fassen Sie noch einmal die Essenz der Übung zusammen.

Beispiel

Wenn alle wieder aus der Übung gekommen sind, möchte ich gerne einmal wissen, wie Sie die Übung konkret erlebt haben.
…
Insgesamt ist es mir wichtig, dass Sie hier viel von diesem Training für sich persönlich mitnehmen und für sich Punkte identifizieren konnten, was Sie bereits gut machen und wo es eventuell noch Luft nach oben gibt. Für den Transfer vom Gelernten in den Alltag ist es wichtig, sich immer kleine Ziele zu setzen und Schritt für Schritt vorzugehen. Dazu gehört es auch, die Dinge mit einer achtsamen Haltung anzugehen. Zum Beispiel kein Drama daraus zu machen, wenn etwas an einem Tag nicht gelungen ist. Machen Sie sich bewusst, dass jeder Tag eine neue Chance bringt, etwas umzusetzen. Versuchen Sie dranzubleiben. ◄

5.6.2.4 Evaluation I (optional, aber dringend empfohlen)

Hierfür benötigen Sie die *Folien aus der PowerPoint-Präsentation aus Abschnitt 5: „Teil 5.4 Evaluation I"*.

Im letzten Schritt folgen zwei Evaluationen: eine schriftliche und eine offene Evaluation mit einer Abschlussrunde.

Es folgt im ersten Schritt die schriftliche Evaluation (Evaluation Teil 1), die spezifisch auf den Nutzen der Bausteine eingeht. Bitten Sie die Teilnehmenden, die Evaluationsbögen auszufüllen und anschließend anonym abzugeben. Dafür können Sie die Evaluationsskalen aus Abschn. 6.3.1 oder die Evaluationsmappe in den Trainingsmaterialien verwenden.

> **Beispiel**
>
> Es folgt nun eine schriftliche Evaluation, die spezifisch auf den Nutzen der Bausteine eingeht. Ich möchte Sie bitten, die Evaluationsbögen auszufüllen. Anschließend sammle ich die Evaluationsbögen anonym ein. Diese Evaluation ist natürlich freiwillig. Die Evaluation hilft aber dabei, das Training zu evaluieren und weiterzuentwickeln. Ihr Feedback ist also sehr wichtig. ◄

5.6.2.5 Evaluation II

Hierfür benötigen Sie die *Folien aus der PowerPoint-Präsentation aus Abschnitt 5: „Teil 5.5 Evaluation II"*.

Leiten Sie nun in die offene Evaluation und die Abschlussrunde ein. Bitten Sie die Teilnehmenden, den Evaluationsbogen (Evaluation Teil 2) auszufüllen. Hierzu können Sie die Vorlage aus Abschn. 6.3.2 verwenden oder die Evaluationsmappe in den Trainingsmaterialien.

Weisen Sie auch darauf hin, dass danach eine Abschlussrunde erfolgt.

> **Beispiel**
>
> Zum Abschied möchte ich gerne eine offene Evaluationsrunde machen.
>
> Ich möchte gerne von Ihnen wissen: Was hat Ihnen am besten gefallen? Was fanden Sie interessant? Und welche Inhalte wären für Sie noch interessant gewesen? Was nehmen Sie persönlich mit?
>
> Diese Fragen finden Sie auf Teil 2 des Evaluationsbogens. Ich möchte Sie bitten, die drei Fragen für sich zu beantworten. Im Anschluss würde ich gerne eine Abschlussrunde machen.
>
> …
>
> Wenn alle fertig sind, lassen Sie uns mit der Abschlussrunde starten. Ich möchte gerne erfahren, wie es Ihnen nach dem Trainingstag geht und was Ihnen besonders gefallen hat, welche Inhalte Sie noch interessant gefunden hätten und was Sie persönlich mitnehmen.
>
> Wer von Ihnen möchte anfangen?
>
> …
>
> Vielen Dank für die Rückmeldungen. ◄

5.6.2.6 Abschied

Hierfür benötigen Sie die *Folien aus der PowerPoint-Präsentation aus Abschnitt 5: „Teil 5.6 Abschied"*.

Verabschieden Sie sich von den Teilnehmenden. Finden Sie zum Abschluss positive Worte und bedanken Sie sich für die Teilnahme.

> **Beispiel**
>
> Dann haben Sie es jetzt geschafft. Ich bedanke mich, dass Sie alle so großartig mitgemacht haben. Ich fand das Training mit Ihnen wirklich toll, ich hatte viel Spaß. Ich hoffe, dass Sie alle für sich etwas mitnehmen konnten und es Ihnen gelingt, einiges von dem, was Sie sich vorgenommen haben, auch in die Tat umsetzen zu können. Sie haben mit dem Training nun viel Handwerkszeug und einen vollen Koffer mit Möglichkeiten bekommen. Jetzt liegt es an Ihnen, was Sie daraus machen. ◄

5.7 Zusammenfassung

Im **Baustein 1 „Warm up"** wird ein Einstieg ins Training gegeben. Zu Beginn werden der Aufbau des Trainings und die Ziele erläutert. Zudem werden Gruppenvereinbarungen getroffen, um für eine gute Trainingsatmosphäre zu sorgen und gleichzeitig durch Trainingsleitgedanken das richtige Mindset für das Training zu schaffen. Durch die Vorstellungsrunde (erste Übung) werden erste Berührungen mit der Thematik Führung und Gesundheit ermöglicht.

Im **Baustein 2 „Grundlagen"** steht im Fokus, den Teilnehmenden grundlegendes Wissen zu vermitteln und sie für die Rolle von Führungskräften in der Erhaltung der Gesundheit und Förderung des Wohlbefindens der Mitarbeitenden zu sensibilisieren. Dazu wird zu Beginn auf die potenziellen Wege eingegangen, über die Führungskräfte die Gesundheit der Mitarbeitenden beeinflussen können. Ausgehend von diesen Einflusswegen wird das Konzept des „Health-oriented Leadership" (HoL) abgeleitet und seine zentralen Bestandteile erläutert. Danach werden die Schlüsselbegriffe des Betrieblichen Gesundheitsmanagements (BGM) eingeführt, um für die Führungskräfte ein Basiswissen zu BGM zu schaffen.

In **Baustein 3 „SelfCare"** werden den Teilnehmenden SelfCare und die Aspekte Wichtigkeit, Achtsamkeit und Verhalten nähergebracht (Schritt 1: Was ist das?). Durch die Anwendung eines Selbstchecks haben sie die Gelegenheit, einzuschätzen, wie hoch derzeit ihre gesundheitsorientierte Selbstführung ausgeprägt ist, und haben gleichzeitig ein Diagnosetool, um die eigene SelfCare einzuschätzen (Schritt 2: Wie sieht es bei mir aus?). Anschließend werden fünf Übungen durchgeführt (Schritt 3: Was kann ich tun?), wobei die ersten drei Übungen die Aspekte Wichtigkeit, Achtsamkeit und Verhalten adressieren, um ihre SelfCare zu steigern. Übung 4 und 5 thematisieren die beiden Einflusswege „Vorbildwirkung" und „Crossover-Effekt". In diesen Übungen werden die Bedeutung ihrer eigenen Vorbildfunktion sowie potenzielle Auswirkungen ihrer eigenen Gesundheit auf die Mitarbeitenden behandelt. In der Übung zum Crossover-Effekt nehmen die Führungskräfte anhand eines Gesundheitschecks ihre eigene Gesundheit in den Blick und prüfen mögliche Gefahren und Risiken ihrer eigenen Gesundheit für die Gesundheit und das Wohlbefinden ihrer Mitarbeitenden.

Im **Baustein 4 „StaffCare"** erfahren die Teilnehmenden mehr über StaffCare und die Aspekte Wichtigkeit, Achtsamkeit und Verhalten (Schritt 1: Was ist das?). Durch die Anwendung eines Selbstchecks haben sie die Gelegenheit, einzuschätzen, wie hoch derzeit ihre gesundheitsorientierte Mitarbeiterführung ausgeprägt ist. Diese Einschätzung komplettiert die SelfCare-Einschätzung und den Gesundheitscheck und vervollständigt somit das HoL-Profil (Schritt 2: Wie sieht es bei mir aus?). Anschließend werden auch hier fünf Übungen durchgeführt (Schritt 3: Was kann ich tun?), wobei die ersten drei Übungen wie bei Baustein 3 die Aspekte Wichtigkeit, Achtsamkeit und Verhalten adressieren, um ihre StaffCare zu steigern. In Übung 2 wird die eigene Motivation zu gesundheitsorientierter Führung thematisiert und reflektiert, um Einblick in die eigene Motivlage zu erhalten. In Übung 3 werden explizit der direkte und indirekte Einflussweg adressiert. Übung 4 und 5 thematisieren Betriebliches Gesundheitsmanagement (BGM). Hier geht es um die Rolle, die Führungskräfte im BGM spielen, und darum, wie sie Mitarbeitende zur Teilnahme an BGM explizit motivieren können.

Im **Baustein 5 „Cool down"** werden ein Rückblick und eine Zusammenfassung des Trainings gegeben. Daraufhin wird die Übung „Blick in die Zukunft" durchgeführt. Hierbei werden die Teilnehmenden gebeten, sich in ein zukünftiges Selbst zu versetzen, um potenzielle Herausforderungen bei der Umsetzung von gesundheitsorientierter Führung zu antizipieren. Im Anschluss daran sollen die Teilnehmenden im Hinblick auf die vier Einflusswege eruieren, wie sie konkrete Maßnahmen umsetzen können, welche Strategien dabei hilfreich sind, und konkrete Ziele formulieren. Es folgen eine Abschlussrunde und eine Evaluation des Trainings.

Literatur

Felfe J, Pundt F, Krick A (2017) Gesundheitsförderliche Führung = Ressource für Beschäftigte – Belastung für Führungskräfte? In: Busch C, Ducki A, Dettmers J, Witt H (Hrsg) Der Wert der Arbeit. Festschrift zur Verabschiedung von Eva Bamberg. Rainer Hampp Verlag, S 241–255

Felfe J, Krick A, Ducki A (2019a) Gesundheitsförderliche Führung erfolgreich umsetzen. In: Bergner S, Fleiß J, Gutschelhofer A (Hrsg) Wandel gestalten – Herausforderungen und Ergebnisse der empirischen Managementforschung. Grazer Universitätsverlag & Leykam, Graz, S 23–41

Pischel S, Felfe J, Krick A, Pundt F (2023) Gesundheitsförderliche Führung diagnostizieren und umsetzen. In: Felfe J, van Dick R (Hrsg) Handbuch Mitarbeiterführung: Wirtschaftspsychologisches Praxiswissen für Fach- und Führungskräfte. Springer, Berlin (https://doi.org/10.1007/978-3-642-55213-7?page=2#toc)

Anhang 6

6.1 Was Sie in diesem Kapitel erfahren

In diesem Kapitel erhalten Sie eine Übersicht über die Materialien für jeden Baustein. Zusätzlich sind die empfohlenen Evaluationsskalen dargestellt, die verwendet werden können, um das Training zu evaluieren.

6.2 Übersicht über die Materialien

In Tab. 6.1 finden Sie eine Übersicht über alle Materialien. Die Materialien sind geordnet nach ihrer Reihenfolge der Verwendung und den Bausteinen.

6.3 Evaluationsskalen

Im folgenden Abschnitt finden Sie ein Arbeitsblatt für die Abschlussrunde und drei Evaluationsskalen, die wir zur Evaluation des Trainings zur gesundheitsorientierten Führung empfehlen. Diese Evaluationsskalen sind auch in den Trainingsmaterialien in einer Evaluationsmappe enthalten.

6.3.1 Evaluation Teil 1: Skalen zur Evaluation des Trainings

Sie finden hier insgesamt drei Evaluationsskalen:

© Der/die Autor(en), exklusiv lizenziert an Springer-Verlag GmbH, DE, ein Teil von Springer Nature 2024
A. Krick und J. Felfe, *Gesundheitsorientierte Führungskompetenz*,
https://doi.org/10.1007/978-3-662-68670-6_6

Tab. 6.1 Übersicht über die Materialien

Baustein	Materialien
Baustein 1: Warm up	PowerPoint-Präsentation: Abschnitte unter 1 Baustein 1: Warm up Flipchart 1: Herzlich Willkommen Flipchart 2: Überblick Flipchart 3: Leitgedanken Vorlage: Baustein 1: Warm up: Vorstellung (Führungskarten) Optional: Kreppband für Namensschilder
Baustein 2: Grundlagen	PowerPoint-Präsentation: Abschnitte unter 2 Baustein 2: Grundlagen Flipchart 4: Einflusswege der Führungskraft auf die Mitarbeitergesundheit I Flipchart 5: Einflusswege der Führungskraft auf die Mitarbeitergesundheit II Handout 1: Gesundheitsorientierte Führung: Alles auf einen Blick
Baustein 3: SelfCare	PowerPoint-Präsentation: Abschnitte unter 3 Baustein 3: SelfCare Übungsblatt 1: SelfCare-Profil: Selbstcheck Übungsblatt 2: SelfCare-Profil: Beispiel Übungsblatt 3: Mein HoL-Profil: Auswertung Übungsblatt 4: Meine persönliche Wertebilanz Flipchart 6: Wichtigkeit von Gesundheit Übungsblatt 5: Meine Achtsamkeit Übungsblatt 6: Mein Gesundheitsverhalten Flipchart 7: Vorbildwirkung: Beispiele Übungsblatt 7: Ich als Vorbild Handout 2: Vorbildwirkung: Alles auf einen Blick Übungsblatt 8: Gesundheitscheck Übungsblatt 9: Crossover-Effekt Flipchart 8: Crossover-Effekt: Beispiele Bunte oder einfarbige Klebepunkte Kleine Zettel für jeden Teilnehmenden Kleine Box oder Tupperdose Grüne und rote Karten Grüne und rote Eddings, Pinnnadeln zum Befestigen oder Klebestreifen Grüne und rote Moderationskarten Metaplanwand, leeres Flipchart

(Fortsetzung)

6.3 Evaluationsskalen

Tab. 6.1 (Fortsetzung)

Baustein	Materialien
Baustein 4: StaffCare	PowerPoint-Präsentation: Abschnitte unter 4 Baustein 4: StaffCare Übungsblatt 10: StaffCare-Profil: Selbstcheck Übungsblatt 11: StaffCare-Profil: Beispiel Übungsblatt 3: Mein HoL-Profil: Auswertung Übungsblatt 12: Motivation für gesundheitsorientierte Führung: Meine Motivstruktur: Selbstcheck Übungsblatt 13: Motivation für gesundheitsorientierte Führung: Meine Motivstruktur: Auswertungsbeispiel Übungsblatt 14: Motivation für gesundheitsorientierte Führung: Meine Motivstruktur: Auswertung Übungsblatt 15: Checkliste zur Erkennung von Warnsignalen Übungsblatt 16: Direkter Weg: Kommunikation & Interaktion Übungsblatt 17: Indirekter Weg über Arbeitsbedingungen Übungsblatt 18: Absicht: Was möchte ich umsetzen Übungsblatt 19: Welcher Führungskraft-BGM-Typ sind Sie? Selbstcheck Übungsblatt 20: Welcher Führungskraft-BGM-Typ sind Sie? Auswertung Übungsblatt 21: BGM und meine Mitarbeitenden: Fallbeispiel 1: Bernd Reinhold Übungsblatt 22: BGM und meine Mitarbeitenden: Fallbeispiel 2: Ute Ahrendt Übungsblatt 23: BGM und meine Mitarbeitenden: Fallbeispiel 3: Stefan Kramer Flipchart 9: Direkter Einflussweg: Beispiele Flipchart 10: Indirekter Einflussweg: Beispiele Handlungsleitfaden (in der Trainingsmappe) Videos
Baustein 5: Cool down	PowerPoint-Präsentation: Abschnitte unter 5 Baustein 5: Cool down Übungsblatt 24: Transfer Evaluation Teil 1 (Abschn. 6.3.1) Evaluation Teil 2 (Abschn. 6.3.2)

1. Skala zur allgemeinen Bewertung des Trainings,
2. Skala zur Einschätzung des Nutzens einzelner Bausteine und Übungen sowie
3. Skala zur wahrgenommenen Wirksamkeit des Trainings.

Evaluation I: Allgemeine Bewertung des Trainings Im Folgenden finden Sie eine Reihe von Aussagen, mit denen Sie das Training generell bewerten können. Bitte lesen Sie jede Aussage durch und kreuzen Sie an, inwieweit Sie den Aussagen zustimmen.

	trifft nicht zu	trifft eher nicht zu	teils/ teils	trifft eher zu	trifft zu
Ich habe die Inhalte der Trainingseinheiten verstanden.	①	②	③	④	⑤
Nach meiner Einschätzung sind die vermittelten Inhalte und Übungen gut geeignet, um gesundheitsorientierte Selbst- und Mitarbeiterführung zu fördern.	①	②	③	④	⑤
Ich habe gerne an den Trainingssitzungen teilgenommen.	①	②	③	④	⑤
Ich werde das Training Kolleg*innen weiterempfehlen.	①	②	③	④	⑤
Ich war mit dem Training insgesamt zufrieden.	①	②	③	④	⑤
Ich konnte insgesamt vom Training profitieren.	①	②	③	④	⑤

	Sehr schlecht	Eher schlecht	Mittelmäßig	Eher gut	Sehr gut
Der Methodenmix (Videos, Flipcharts, Übungen, Arbeitsblätter, Folien etc.) war insgesamt …	①	②	③	④	⑤
Die Stimmung/ Arbeitsatmosphäre im Training war insgesamt …	①	②	③	④	⑤
Das Training war insgesamt …	①	②	③	④	⑤

6.3 Evaluationsskalen

Evaluation II: Nutzen einzelner Bausteine und Übungen Im Folgenden geht es konkreter um die Inhalte des Trainings. Wie hilfreich empfanden Sie die folgenden einzelnen Parts und Übungen?

	Wenig	Eher wenig	Teils/teils	Eher	Sehr
BAUSTEIN 2: Grundlagen					
Fakten-Input zu gesundheitsorientierter Führung, Konzept Health-oriented Leadership	①	②	③	④	⑤
Fakten-Input zu BGM (Nutzen)	①	②	③	④	⑤
Kennenlernen der 4 Einflusswege	①	②	③	④	⑤
BAUSTEIN 3: SelfCare					
Input zu SelfCare	①	②	③	④	⑤
Selbstcheck: Wie gesundheitsorientiert führe ich mich selbst?	①	②	③	④	⑤
Wichtigkeit: Übung Wertebilanz: Wie wichtig ist mir meine Gesundheit?	①	②	③	④	⑤
Achtsamkeit: Achtsamkeitsübungen (Reflexion und Übung)	①	②	③	④	⑤
Verhalten: Körperorientierte Übungen	①	②	③	④	⑤
Verhalten: Reflexion Gesundheitsverhalten	①	②	③	④	⑤
Verhalten: Übung zur Vorbildwirkung	①	②	③	④	⑤
Verhalten: Übung zum Crossover-Effekt	①	②	③	④	⑤
BAUSTEIN 4: StaffCare					
Input zu StaffCare	①	②	③	④	⑤
Selbstcheck: Wie gesundheitsorientiert führe ich?	①	②	③	④	⑤
Wichtigkeit: Wie motiviert bin ich, gesund zu führen? (Reflexion zur Wichtigkeit von Mitarbeitergesundheit)	①	②	③	④	⑤
Achtsamkeit: Wahrnehmen von Warnsignalen	①	②	③	④	⑤
Verhalten: Direkter und indirekter Weg	①	②	③	④	⑤
Verhalten: FK-BGM-Typen	①	②	③	④	⑤
Verhalten: Motivierung der Mitarbeitenden zu BGM (Fallbeispiele)	①	②	③	④	⑤
BAUSTEIN 5: Cool down					
Mentalreise „Blick aus der Zukunft"	①	②	③	④	⑤

Evaluation II: Wahrgenommene Wirksamkeit des Trainings Im Folgenden finden Sie eine Reihe von Aussagen, mit denen Sie die wahrgenommene Wirksamkeit des Trainings einschätzen können. Bitte lesen Sie jede Aussage durch und kreuzen Sie an, inwieweit Sie den Aussagen zustimmen.

Durch die Teilnahme am Training ...	trifft nicht zu	trifft eher nicht zu	teils/ teils	trifft eher zu	trifft zu
... habe ich mehr über Betriebliches Gesundheitsmanagement gelernt und weiß nun, was das ist.	①	②	③	④	⑤
... kenne ich die Einflusswege, wie Führungskräfte auf die Mitarbeitergesundheit wirken können.	①	②	③	④	⑤
... habe ich mehr über gesundheitsorientierte Selbstführung gelernt.	①	②	③	④	⑤
... weiß ich, wie meine gesundheitsorientierte Selbstführung ausgeprägt ist.	①	②	③	④	⑤
... habe ich Übungen kennengelernt und kenne Wege, wie ich meine gesundheitsorientierte Selbstführung verbessern kann.	①	②	③	④	⑤
... habe ich mehr über gesundheitsorientierte Mitarbeiterführung gelernt.	①	②	③	④	⑤
... weiß ich, wie meine gesundheitsorientierte Mitarbeiterführung ausgeprägt ist.	①	②	③	④	⑤
... weiß ich, wie mein gesundheitsorientiertes Führungsmotiv ausgeprägt ist.	①	②	③	④	⑤
... habe ich Übungen kennengelernt und kenne Wege, wie ich meine gesundheitsorientierte Mitarbeiterführung verbessern kann.	①	②	③	④	⑤
... habe ich Handlungsempfehlungen erhalten, wie ich meine Mitarbeitenden dazu ermutige an BGM-Maßnahmen teilzunehmen.	①	②	③	④	⑤
... habe ich mehr über meine Vorbildwirkung erfahren.	①	②	③	④	⑤
... habe ich mehr über den Übertragungseffekt erfahren.	①	②	③	④	⑤

6.3 Evaluationsskalen

6.3.2 Evaluation Teil 2 (für die Abschlussrunde)

Evaluation I

Was hat mir gefallen? Was fand ich interessant?

Welche Inhalte wären für Sie noch interessant?

Was nehme ich persönlich mit?

Literatur

Ajzen I (1991) The theory of planned behavior. Organ Behav Hum Decis Process 50:179–211. https://doi.org/10.1016/0749-5978(91)90020-T

Appelbaum E, Bailey T, Berg P, Kalleberg AL (2000) Manufacturing advantage: why high performance work systems pay off. Cornell Univ. Press, New York, Ithaca

Arnold M, Rigotti T (2020a) Is it getting better or worse? health-oriented leadership and psychological capital as resources for sustained health in newcomers. Appl Psychol. https://doi.org/10.1111/apps.12248

Arnold M, Rigotti T (2020b) The leader in the spotlight: health-oriented leadership and its antecedents and outcomes. Acad Manag Proc 2020:16724. https://doi.org/10.5465/AMBPP.2020.16724abstract

Arnold M, Rigotti T (2023) How's the boss? Integration of the health-oriented leadership concept into the job demands-resources theory. JMP. https://doi.org/10.1108/JMP-01-2023-0030

Badura B, Ducki A, Schröder H, Meyer M (Hrsg) (2021) Fehlzeiten-Report 2021; Betriebliche Prävention stärken – Lehren aus der Pandemie. Springer, Berlin

Baer RA (2003) Mindfulness training as a clinical intervention: A conceptual and empirical review. Clin Psychol Sci Pract 10:125–143. https://doi.org/10.1093/clipsy/bpg015

Baer RA, Smith GT, Hopkins J, Krietemeyer J, Toney L (2006) Using self-report assessment methods to explore facets of mindfulness. Assessment 13:27–45. https://doi.org/10.1177/1073191105283504

Bakker AB, Demerouti E (2007) The job demands-resources model: state of the art. J Manag Psychol 22:309–328. https://doi.org/10.1108/02683940710733115

Bakker AB, Schaufeli WB (2000) Burnout contagion processes among teachers. J Appl Soc Psychol 30:2289–2308. https://doi.org/10.1111/j.1559-1816.2000.tb02437.x

Bamberg E, Ducki A, Metz A-M (Hrsg) (2011) Gesundheitsförderung und Gesundheitsmanagement in der Arbeitswelt. Ein Handbuch. Hogrefe, Göttingen

Bandura A (2004) Health promotion by social cognitive means. Health Educ Behav 31:143–164. https://doi.org/10.1177/1090198104263660

Bargh JA, Chartrand TL (1999) The unbearable automaticity of being. Am Psychol 54:462–479. https://doi.org/10.1037/0003-066X.54.7.462

Bartlett L, Martin A, Neil AL, Memish K, Otahal P, Kilpatrick M, Sanderson K (2019) A systematic review and meta-analysis of workplace mindfulness training randomized controlled trials. J Occup Health Psychol 24:108–126. https://doi.org/10.1037/ocp0000146

Becker MH (1974) The health belief model and personal health behavior. Health Educ Monogr 2:324–508

Becker E, Krause C, Siegemund B (2014) Betriebliches Gesundheitsmanagement nach DIN SPEC 91020: Erläuterungen zur Spezifikationfür denAnwender (1 Aufl). Beuth. https://ebookcentral.proquest.com/lib/kxp/detail.action?docID=2033173

Beermann B, Backhaus N, Hünefeld L, Janda V, Schmitt-Howe B, Sommer S (2020) Veränderungen in der Arbeitswelt – Reflexion des Arbeitsschutzsystems. BAuA, Dortmund

Bishop SR, Lau MA, Shapiro SL, Carlson LE, Anderson ND, Carmody J, Segal ZV, Abbey S, Speca M, Velting D, Devins G (2004) Mindfulness: a proposed operational definition. Clin Psychol Sci Pract 11:230–241. https://doi.org/10.1093/clipsy/bph077

Brown KW, Ryan RM (2003) The benefits of being present: mindfulness and its role in psychological well-being. J Pers Soc Psychol 84:822–848

Bundesanstalt für Arbeitsschutz und Arbeitsmedizin (2020) Stressreport Deutschland 2019. Bundesanstalt für Arbeitsschutz und Arbeitsmedizin. https://www.baua.de/DE/Angebote/Publikationen/Berichte/Stressreport-2019.html?pk_campaign=DOI

Cardaciotto L, Herbert JD, Forman EM, Moitra E, Farrow V (2008) The assessment of present-moment awareness and acceptance: the Philadelphia Mindfulness Scale. Assessment 15:204–223. https://doi.org/10.1177/1073191107311467

Cavanaugh MA, Boswell WR, Roehling MV, Boudreau JW (2000) An empirical examination of self-reported work stress among U.S. managers. J Appl Psychol 85:65–74. https://doi.org/10.1037/0021-9010.85.1.65

Chan KY, Drasgow F (2001) Toward a theory of individual differences and leadership: understanding the motivation to lead. J Appl Psychol 86:481–498. https://doi.org/10.1037/0021-9010.86.3.481

Conner M, Rodgers W, Murray T (2007) Conscientiousness and the intention-behavior relationship: predicting exercise behavior. J Sport Exerc Psychol 29:518–533

Dannheim I, Ludwig-Walz H, Buyken AE, Grimm V, Kroke A (2021) Effectiveness of health-oriented leadership interventions for improving health and wellbeing of employees: a systematic review. Journal of Public Health. https://doi.org/10.1007/s10389-021-01664-1

Della Valle E, Palermi S, Aloe I, Marcantonio R, Spera R, Montagnani S, Sirico F (2020) Effectiveness of workplace yoga interventions to reduce perceived stress in employees: a systematic review and meta-analysis. J Funct Morphol Kinesiol 5. https://doi.org/10.3390/jfmk5020033

Dormann C, Zapf D (1999) Social support, social stressors at work, and depressive symptoms: testing for main and moderating effects with structural equations in a three-wave longitudinal study. J Appl Psychol 84:874–884. https://doi.org/10.1037/0021-9010.84.6.874

Faltermaier T (2017) Gesundheitspsychologie. W. Kohlhammer, Stuttgart

Faltermaier T (2018) Gesundheitsverhalten, Krankheitsverhalten, Gesundheitshandeln. In: Bundeszentrale für gesundheitliche Aufklärung (Hrsg) Leitbegriffe der Gesundheitsförderung und Prävention, Glossar zu Konzepten, Strategien und Methoden, E-Book 2018. BZGA – Federal Centre for Health Education

Felfe J (2009) Mitarbeiterführung. Hogrefe, Göttingen, Bern, Wien

Felfe J, Pundt F (2014) Führungskräftetrainings; Mit Arbeitsmaterialien und Fallbeispielen. Hogrefe, Göttingen

Felfe J, Elprana G, Gatzka L, Stiehl S (2012) FÜMO. Hamburger Führungsmotivationsinventar. Hogrefe, Göttingen

Felfe J, Pundt F, Krick A (2017) Gesundheitsförderliche Führung = Ressource für Beschäftigte – Belastung für Führungskräfte? In: Busch C, Ducki A, Dettmers J, Witt H (Hrsg) Der Wert der Arbeit. Festschrift zur Verabschiedung von Eva Bamberg. Rainer Hampp Verlag, Augsburg, München, S 241–255

Felfe J, Krick A, Ducki A (2019a) Gesundheitsförderliche Führung erfolgreich umsetzen. In: Bergner S, Fleiß J, Gutschelhofer A (Hrsg) Wandel gestalten – Herausforderungen und Ergebnisse der empirischen Managementforschung. Grazer Universitätsverlag & Leykam, Graz, S 23–41

Felfe J, Krick A, Wunderlich I, Renner K-H (2019b) Nicht-Teilnahme (Non Response) am Betrieblichen Gesundheitsmanagement (BGM) – Ursachen und Gegenmaßnahmen (Unveröffentlichter Projektbericht). Helmut-Schmidt-Universität/ Universität der Bundeswehr, Hamburg, Forschungsprojekt im Geschäftsbereich des Bundesministeriums der Verteidigung

Franke F, Felfe J, Pundt A (2014) The impact of health-oriented leadership on follower health: development and test of a new instrument measuring health-promoting leadership. Z Pers 28:139–161

Germer CK, Siegel RD, Fulton PR (Hrsg) (2005) Mindfulness and psychotherapy. Guilford Press, New York

GKV (2023) Leitfaden Prävention. Handlungsfelder und Kriterien des GKV-Spitzenverbandes zur Umsetzung der §§ 20 und 20a SGB Vom 21. Juni 2000 in der Fassung vom 10. Dezember

2014. https://www.gkv-spitzenverband.de/media/dokumente/presse/publikationen/Leitfaden_Praevention-2014_barrierefrei.pdf. Zugegriffen: 22. Aug 2019

Grimm LA, Bauer GF, Jenny GJ (2021) Is the health-awareness of leaders related to the working conditions, engagement, and exhaustion in their teams? A multi-level mediation study. BMC Public Health 21:1935. https://doi.org/10.1186/s12889-021-11985-1

Grobe TG, Braun A (2022) BARMER Gesundheitsreport 2022: Schriftenreihe zur Gesundheitsanalyse – Band 34. Barmer Institut für Gesundheitssystemforschung. https://www.bifg.de/media/dl/Reporte/Gesundheitsreporte/2022/barmer-gesundheitsreport-2022-bf.pdf. Zugegriffen: 29. Juni 2023

Harris DM, Guten S (1979) Health-protective behavior: an exploratory study. J Health Soc Behav 20:17–29. https://doi.org/10.2307/2136475

Hauff S, Felfe J, Klug K (2022) High-performance work practices, employee well-being, and supportive leadership: spillover mechanisms and boundary conditions between HRM and leadership behavior. Int J Hum Resour Manag 33:2109–2137. https://doi.org/10.1080/09585192.2020.1841819

Heckhausen H (1989) Motivation und Handeln. Springer, Berlin

Heckhausen H, Gollwitzer PM (1987) Thought contents and cognitive functioning in motivational versus volitional stats of mind. Motiv Emot 11:101–120

Hobfoll SE (2012) Conservation of resources theory: its implication for stress, health, and resilience. In: Folkman S (Hrsg) The oxford handbook of stress, health, and coping. Oxford University Press, New York, S 127–147

Hobfoll SE, Halbesleben JRB, Neveu J-P, Westman M (2018) Conservation of resources in the organizational context: the reality of resources and their consequences. Annu Rev Organ Psych Organ Behav 5:103–128. https://doi.org/10.1146/annurev-orgpsych-032117-104640

Horstmann D (2018) Enhancing employee self-care. Eur J Health Psychol 25:96–106. https://doi.org/10.1027/2512-8442/a000014

Horstmann D, Remdisch S (2016) Gesundheitsorientierte Führung in der Altenpflege. Zeitschrift für Arbeits- und Organisationspsychologie 60:199–211. https://doi.org/10.1026/0932-4089/a000223

Hülsheger UR, Alberts HJEM, Feinholdt A, Lang JWB (2013) Benefits of mindfulness at work: the role of mindfulness in emotion regulation, emotional exhaustion, and job satisfaction. J Appl Psychol 98:310–325. https://doi.org/10.1037/a0031313

Hülsheger UR, Lang JWB, Depenbrock F, Fehrmann C, Zijlstra FRH, Alberts HJEM (2014) The power of presence: the role of mindfulness at work for daily levels and change trajectories of psychological detachment and sleep quality. J Appl Psychol 99:1113–1128. https://doi.org/10.1037/a0037702

Hülsheger UR, Feinholdt A, Nübold A (2015) A low-dose mindfulness intervention and recovery from work: effects on psychological detachment, sleep quality, and sleep duration. J Occup Organ Psychol 88:464–489. https://doi.org/10.1111/joop.12115

Hunziger A, Kesting M (2004) „Work-Life-Balance" von Führungskräften – Ergebnisse einer internationalen Befragung von Top-Managern 2002/2003. In: Badura B, Schellschmidt H, Vetter C (Hrsg) Fehlzeiten-Report 2003: Wettbewerbsfaktor Work-Life-Balance. Springer, Berlin, Heidelberg, S 75–87

Jamieson SD, Tuckey MR (2017) Mindfulness interventions in the workplace: a critique of the current state of the literature. J Occup Health Psychol 22:180–193. https://doi.org/10.1037/ocp0000048

Jiménez P, Winkler B, Bregenzer A (2017a) Developing sustainable workplaces with leadership: Feedback about organizational working conditions to support leaders in health-promoting behavior. Sustainability 9:1944. https://doi.org/10.3390/su9111944

Jiménez P, Bregenzer A, Kallus KW, Fruhwirth B, Wagner-Hartl V (2017b) Enhancing resources at the workplace with health-promoting leadership. Int J Environ Res Public Health 14. https://doi.org/10.3390/ijerph14101264

Kabat-Zinn J (2003) Mindfulness-based interventions in context: past, present, and future. Clin Psychol Sci Pract 10:144–156. https://doi.org/10.1093/clipsy/bpg016

Kabat-Zinn J (2011) Gesund durch Meditation; das vollständige Grundlagenwerk zu MBSR. Barth, München

Kabat-Zinn J, Lipworth L, Burney R (1985) The clinical use of mindfulness meditation for the self-regulation of chronic pain. J Behav Med 8:163–190. https://doi.org/10.1007/BF00845519

Kaluza AJ, Junker NM (2022) Caring for yourself and for others: team health climate and self-care explain the relationship between health-oriented leadership and exhaustion. J Manag Psychol 37:655–668. https://doi.org/10.1108/JMP-10-2021-0567

Kaluza AJ, Schuh SC, Kern M, Xin K, Dick R (2020) How do leaders' perceptions of organizational health climate shape employee exhaustion and engagement? Toward a cascading-effects model. Hum Resour Manage 59:359–377. https://doi.org/10.1002/hrm.22000

Kaluza AJ, Weber F, van Dick R, Junker NM (2021) When and how health-oriented leadership relates to employee well-being–The role of expectations, self-care, and LMX. J Appl Soc Psychol 51:404–424. https://doi.org/10.1111/jasp.12744

Kang Y, Gruber J, Gray JR (2013) Mindfulness and de-automatization. Emot Rev 5:192–201. https://doi.org/10.1177/1754073912451629

Khalid A, Murtaza G, Zafar A, Zafar MA, Saqib L, Mushtaq R (2012) Role of supportive leadership as a moderator between job stress and job performance. Inf Manag Bus Rev 4:487–495. https://doi.org/10.22610/imbr.v4i9.1004

Killingsworth MA, Gilbert DT (2010) A wandering mind is an unhappy mind. Science 330:932. https://doi.org/10.1126/science.1192439

Kim SD (2014) Effects of yogic exercises on life stress and blood glucose levels in nursing students. J Phys Ther Sci 26:2003–2006. https://doi.org/10.1589/jpts.26.2003

Klamar A, Felfe J, Krick A, Röttger S, Renner K-H, Stein M (2018) Die Bedeutung von gesundheitsförderlicher Führung und Commitment für die Mitarbeitergesundheit [Significance of health-oriented leadership and commitment for employees' health]. Wehrmedizinische Monatsschrift 62

Klatt MD, Buckworth J, Malarkey WB (2009) Effects of low-dose mindfulness-based stress reduction (MBSR-ld) on working adults. Health Educ Behav 36:601–614. https://doi.org/10.1177/1090198108317627

Klebe L, Felfe J, Klug K (2021a) Healthy leadership in turbulent times: the effectiveness of health-oriented leadership in crisis. Br J Manag 32:1203–1218. https://doi.org/10.1111/1467-8551.12498

Klebe L, Klug K, Felfe J (2021b) The show must go on: The effects of crisis on health-oriented leadership and follower exhaustion during Covid-19 pandemic. Zeitschrift für Arbeits- und Organisationspsychologie 65:231–243. https://doi.org/10.1026/0932-4089/a000369

Klebe L, Felfe J, Klug K (2022a) Mission impossible? Effects of crisis, leader and follower strain on health-oriented leadership. Eur Manag J 40:384–392. https://doi.org/10.1016/j.emj.2021.07.001

Klebe L, Klug K, Felfe J (2022b) When your boss is under pressure: on the relationships between leadership inconsistency, leader and follower strain. Front Psychol 13:816258. https://doi.org/10.3389/fpsyg.2022.816258

Klug K, Felfe J, Krick A (2019) Caring for oneself or for others? How consistent and inconsistent profiles of health-oriented leadership are related to follower strain and health. Front Psychol 10:2456. https://doi.org/10.3389/fpsyg.2019.02456

Klug K, Felfe J, Krick A (2022) Does self-care make you a better leader? A multisource study linking leader self-care to health-oriented leadership, employee self-care, and health. Int J Environ Res Public Health 19:6733. https://doi.org/10.3390/ijerph19116733

Knieps F, Pfaff H (2022) BKK Gesundheitsreport 2022: Pflegefall Pflege? MWV Medizinisch Wissenschaftliche Verlagsgesellschaft, Berlin

Knudsen HK, Ducharme LJ, Roman PM (2009) Turnover intention and emotional exhaustion „at the top": adapting the job demands-resources model to leaders of addiction treatment organizations. J Occup Health Psychol 14:84–95. https://doi.org/10.1037/a0013822

Köppe C, Schütz A (2019) Healthy leaders: core self-evaluations affect leaders' health behavior through reduced exhaustion. Front Psychol 10:998. https://doi.org/10.3389/fpsyg.2019.00998

Köppe C, Kammerhoff J, Schütz A (2018) Leader-follower crossover – exhaustion predicts somatic complaints via staffcare behavior. J Manag Psychol 33:297–310

Krick A, Felfe J (2023) Comparing the Effectiveness of MBI and PMR in a Military Context. Mindfulness, 15: 80-99.

Krick A, Felfe J (2020a) Bedingungen für die Teilnahmeabsicht und Teilnahme an Angeboten des Betrieblichen Gesundheitsmanagements (BGM). In: Nettelnstroth W (Hrsg) Neue Erkenntnisse aus Wissenschaft und Praxis zur Polizeipsychologie. Verlag für Polizeiwissenschaft, Frankfurt a. M., S 111–121

Krick A, Felfe J (2020b) Die gesundheitsförderliche Selbstführungskompetenz – das Stärken- und Ressourcentraining. Organ Superv Coach 13:1–14. https://doi.org/10.1007/s11613-020-00637-9

Krick A, Felfe J (2020c) Who benefits from mindfulness? The moderating role of personality and social norms for the effectiveness on psychological and physiological outcomes among police officers. J Occup Health Psychol 25:99–112. https://doi.org/10.1037/ocp0000159

Krick A, Felfe J (2020d) Wirksamkeitsprüfung eines achtsamkeitsbasierten Ressourcentrainings bezüglich psychologischer und physiologischer Kriterien bei PolizeibeamtInnen. In: Trimpop R, Fischbach A, Seliger I, Lynnyk A, Kleineidam N, Große-Jäger A (Hrsg) 21. Workshop Psychologie der Arbeitssicherheit und Gesundheit Gewalt in der Arbeit verhüten und die Zukunft gesundheitsförderlich gestalten! Asanger Verlag, Kröning, S 295–298

Krick A, Felfe J (2022) Health-oriented Leadership in a Digital World: A Literature Review. In: Schulz D, Fay A, Schulz M, Matiaske W (Hrsg) dtec.bw-Beiträge der Helmut-Schmidt-Universität / Universität der Bundeswehr Hamburg – Forschungsaktivitäten im Zentrum für Digitalisierungs- und Technologieforschung der Bundeswehr dtec.bw. Helmut-Schmidt-Universität/ Universität der Bundeswehr, Hamburg, S 347–357

Krick A, Felfe J, Renner K-H (2018) Stärken- und Ressourcentraining [Strength and resource training]; Ein Gruppentraining zur Gesundheitsprävention am Arbeitsplatz [A group training for health prevention in the workplace]. Hogrefe, Göttingen

Krick A, Felfe J, Klug K (2019) Turning intention into participation in OHP courses? The moderating role of organizational, intrapersonal and interpersonal factors. J Occup Environ Med 61:779–799

Krick A, Felfe J, Klug K (2021) Building resilience: Trajectories of heart rate variability during a mindfulness-based intervention and the role of individual and social characteristics. Int J Stress Manag 28:220–231. https://doi.org/10.1037/str0000227

Krick A, Felfe J, Hauff S, Renner K-H (2022a) Facilitating Health-Oriented Leadership from a Leader's Perspective: Antecedents at the Organizational, Workplace, and Individual Level. Zeitschrift für Arbeits- und Organisationspsychologie 66:213–225. https://doi.org/10.1026/0932-4089/a000397

Krick A, Wunderlich I, Felfe J (2022b) Gesundheitsförderliche Führungskompetenz entwickeln. In: Michel A, Hoppe A (Hrsg) Handbuch Gesundheitsförderung bei der Arbeit. Interventionen für Individuen, Teams und Organisationen. Springer, Wiesbaden, S 213–231

Krick A, Felfe J, Pischel S (2022c) Health-oriented leadership as a job resource: can staff care buffer the effects of job demands on employee health and job satisfaction? J Manag Psychol 37:139–152. https://doi.org/10.1108/JMP-02-2021-0067

Li Y, Wang Z, Yang L-Q, Liu S (2016) The crossover of psychological distress from leaders to subordinates in teams: the role of abusive supervision, psychological capital, and team performance. J Occup Health Psychol 21:142–153. https://doi.org/10.1037/a0039960

Lomas T, Medina JC, Ivtzan I, Rupprecht S, Eiroa-Orosa FJ (2019) Mindfulness-based interventions in the workplace: an inclusive systematic review and meta-analysis of their impact upon wellbeing. J Posit Psychol 14:625–640. https://doi.org/10.1080/17439760.2018.1519588

Lück M, Hünefeld L, Brenscheidt S, Bödefeld M, Hünefeld A (2019) Grundauswertung der BIBB/BAuA-Erwerbstätigenbefragung 2018 (2. Auflage). Bundesanstalt für Arbeitsschutz und Arbeitsmedizin (BAuA), Dortmund

Lutz W, Stangier U, Maercker A, Petermann F (2012) Klinische Psychologie; Intervention und Beratung. Hogrefe, Göttingen

Meibert P, Michalak J, Heidenreich T (2013) Stressbewältigung durch Achtsamkeit: MBSR. In: Heidenreich T, Michalak J (Hrsg) Die »dritte Welle« der Verhaltenstherapie. Grundlagen und Praxis. Beltz, Weinheim, S 165–179

Montano D, Reeske A, Franke F, Hüffmeier J (2017) Leadership, followers' mental health and job performance in organizations; a comprehensive meta-analysis from an occupational health perspective. J Organ Behav 38:327–350. https://doi.org/10.1002/job.2124

Moszeik EN, von Oertzen T, Renner K-H (2022) Effectiveness of a short Yoga Nidra meditation on stress, sleep, and well-being in a large and diverse sample. Curr Psychol 41:5272–5286. https://doi.org/10.1007/s12144-020-01042-2

Nielsen K, Randall R, Yarker J, Brenner S-O (2008) The effects of transformational leadership on followers' perceived work characteristics and psychological well-being; a longitudinal study. Work Stress 22:16–32. https://doi.org/10.1080/02678370801979430

Pischel S, Felfe J (2022) „Should I tell my leader or not?" – Health-oriented leadership and stigma as antecedents of employees' mental health information disclosure intentions at work. J Occup Environ Med. https://doi.org/10.1097/JOM.000000000000268

Pischel S, Felfe J, Krick A (2022) Health-oriented leadership: antecedents of leaders' awareness regarding warning signals of emerging depression and burnout. German J Hum Resour Manag Zeitschrift für Personalforschung:239700222211307. https://doi.org/10.1177/23970022221130754

Pischel S, Felfe J, Krick A, Pundt F (2023) Gesundheitsförderliche Führung diagnostizieren und umsetzen. In: Felfe J, van Dick R (Hrsg) Handbuch Mitarbeiterführung: Wirtschaftspsychologisches Praxiswissen für Fach- und Führungskräfte. Springer, Berlin, Heidelberg

Puerto Valencia LM, Weber A, Spegel H, Bögle R, Selmani A, Heinze S, Herr C (2019) Yoga in the workplace and health outcomes: a systematic review. Occup Med (Oxford, England) 69:195–203. https://doi.org/10.1093/occmed/kqz033

Pundt F, Felfe J (2017) HOL. An instrument to assess health-oriented leadership. Hogrefe, Göttingen

Rahnfeld M (2022) Kurzbericht zum aktuellen iga.Barometer Arbeiten im Jahr 2022. Initiative Gesundheit und Arbeit. https://www.iga-info.de/fileadmin/redakteur/Veroeffentlichungen/iga_Arbeitshilfe/Dokumente/iga.Arbeitshilfe_Arbeiten_2022_Bericht.pdf

Santa Maria A, Wolter C, Gusy B, Kleiber D, Renneberg B (2019) The impact of health-oriented leadership on police officers' physical health, burnout, depression and well-being. Policing A J Policy Pract 13:186–200. https://doi.org/10.1093/police/pay067

Santa Maria A, Wolter C, Gusy B, Kleiber D, Renneberg B (2021) Reducing work-related burnout among police officers: the impact of job rewards and health-oriented leadership. The

Police Journal: Theory, Practice and Principles 94:406–421. https://doi.org/10.1177/0032258X20946805

Schwarzer R (2016) Health action process approach (HAPA) as a theoretical framework to understand behavior change. Actualidades en Psicología 30:119–130. https://doi.org/10.15517/ap.v30i121.23458

Shahbaz W, Parker J (2021) Workplace mindfulness: fundamental issues for research and practice. Labour Ind 31:172–179. https://doi.org/10.1080/10301763.2021.1878572

Sheeran P (2002) Intention—behavior relations: a conceptual and empirical review. Eur Rev Soc Psychol 12:1–36. https://doi.org/10.1080/14792772143000003

Sheeran P, Webb TL (2016) The intention-behavior gap. Soc Pers Psychol Compass 10:503–518. https://doi.org/10.1111/spc3.12265

Struhs-Wehr K (2017) Betriebliches Gesundheitsmanagement und Führung: Gesundheitsorientierte Führung als Erfolgsfaktor im BGM. Springer, Wiesbaden

Stuber F, Seifried-Dübon T, Rieger MA, Gündel H, Ruhle S, Zipfel S, Junne F (2021) The effectiveness of health-oriented leadership interventions for the improvement of mental health of employees in the health care sector: a systematic review. Int Arch Occup Environ Health 94:203–220. https://doi.org/10.1007/s00420-020-01583-w

Techniker Krankenkasse (2016) Entspann dich, Deutschland – TK-Stressstudie 2016. Techniker Krankenkasse. https://www.tk.de/resource/blob/2026630/9154e4c71766c410dc859916aa798217/tk-stressstudie-2016-data.pdf

Techniker Krankenkasse (2021) Entspann dich, Deutschland – TK-Stressstudie 2021. Techniker Krankenkasse. https://www.tk.de/resource/blob/2116464/d16a9c0de0dc83509e9cf12a503609c0/2021-stressstudie-data.pdf

Techniker Krankenkasse (2022) Gesundheitsreport: Arbeitsunfähigkeiten. https://www.tk.de/resource/blob/2125010/da11bbb6e19aa012fde9723c8008e394/gesundheitsreport-au-2022-data.pdf. Zugegriffen: 29. Juni 2023

Uhle T, Treier M (2015) Betriebliches Gesundheitsmanagement; Gesundheitsförderung in der Arbeitswelt – Mitarbeiter einbinden, Prozesse gestalten, Erfolge messen. Springer, Berlin

Vonderlin R, Schmidt B, Müller G, Biermann M, Kleindienst N, Bohus M, Lyssenko L (2020a) Health-oriented leadership and mental health from supervisor and employee perspectives: a multilevel and multisource approach. Front Psychol 11:614803. https://doi.org/10.3389/fpsyg.2020.614803

Vonderlin R, Biermann M, Bohus M, Lyssenko L (2020b) Mindfulness-based programs in the workplace: a meta-analysis of randomized controlled trials. Mindfulness 56:721. https://doi.org/10.1007/s12671-020-01328-3

Vonderlin R, Müller G, Schmidt B, Biermann M, Kleindienst N, Bohus M, Lyssenko L (2021) Effectiveness of a mindfulness- and skill-based health-promoting leadership intervention on supervisor and employee levels: a quasi-experimental multisite field study. J Occup Health Psychol 26:613–628. https://doi.org/10.1037/ocp0000301

Wegge J, Shemla M, Haslam SA (2014) Leader behavior as a determinant of health at work: Specification and evidence of five key pathways. Germ J Hum Resour Manag Zeitschrift für Personalforschung 28:6–23. https://doi.org/10.1177/239700221402800102

Wilde B, Dunkel W, Hinrichs S, Menz W (2010) Gesundheit als Führungsaufgabe in ergebnisorientiert gesteuerten Arbeitssystemen. In: Badura B, Klose J, Macco K, Schröder H (Hrsg) Fehlzeiten-Report 2009: Arbeit und Psyche: Belastungen reduzieren – Wohlbefinden fördern. Springer, Berlin, Heidelberg, S 147–155

Wirtz N, Rigotti T, Otto K, Loeb C (2017) What about the leader? Crossover of emotional exhaustion and work engagement from followers to leaders. J Occup Health Psychol 22:86–97. https://doi.org/10.1037/ocp0000024

Wittig P, Nöllenheidt C, Brenscheidt S (2013) Grundauswertung der BIBB/BAuA-Erwerbstätigenbefragung 2012 mit den Schwerpunkten Arbeitsbedingungen, Arbeitsbelastungen und gesundheitliche Beschwerden. Bundesanstalt für Arbeitsschutz und Arbeitsmedizin. http://www.baua.de/de/Publikationen/Fachbeitraege/Gd73.pdf?__blob=publicationFile&v=5

Yang T, Shen Y-M, Zhu M, Liu Y, Deng J, Chen Q, See L-C (2015) Effects of co-worker and supervisor support on job stress and presenteeism in an aging workforce: A structural equation modelling approach. Int J Environ Res Public Health 13:ijerph13010072. https://doi.org/10.3390/ijerph13010072

Zou L, Sasaki JE, Wei G-X, Huang T, Yeung AS, Neto OB, Chen KW, Hui SS (2018) Effects of mind-body exercises (Tai Chi/Yoga) on heart rate variability parameters and perceived stress: a systematic review with meta-analysis of randomized controlled trials. J Clin Med 7. https://doi.org/10.3390/jcm7110404

Printed in the USA
CPSIA information can be obtained
at www.ICGtesting.com
CBHW081914180824
13382CB00007B/211